GRILLVERGNÜGEN UND SALATGENUSS

GRILLVERGNÜGEN UND SALATGENUSS

Reader's Digest

Inhalt

Rund um die Sommerküche 6

Suppen, Häppchen, Salate 22

Allerlei Gemüse 58

Fleisch und Geflügel 88

Rund um die Sommerküche

Frisches Gemüse und Obst in Hülle und Fülle, sonnige Tage und laue Abende – das macht Appetit auf erfrischende Salate und aromatische, saftige Leckerbissen vom Grill. Lassen Sie sich für Ihre Sommerküche inspirieren von den Rezepten in diesem Buch. Neben zahlreichen Salaten – von leichten Blattsalaten über Reis- und Nudelsalate bis zu Salaten mit Fleisch und Fisch – finden Sie neue Ideen für unterschiedlichstes Grillvergnügen, von vegetarischen Tofuspießen über Steaks bis hin zu fruchtigen Genüssen.

Salate sind eine ideale sommerliche Mahlzeit: Sie sind meist schnell gemacht, und man kann sie auch prima zu Arbeit, Party oder Picknick mitnehmen. Noch ein Pluspunkt: Salate lassen

Sommersalate – frisch und gesund

sich äußerst abwechslungsreich zubereiten. Rohes oder gegartes Gemüse, knackige Blattsalate, Hülsenfrüchte, aromatisches Obst, kerniges Getreide, Nudeln, Fleisch, Geflügel und Fisch – das und noch mehr können Sie nach Herzenslust kombinieren. Das Tüpfelchen auf dem i ist das passende Dressing. Selbst wenn es mal schnell gehen soll: Eine hausgemachte bunte Mischung aus Eisbergsalat, Tomatenachteln und Gurkenscheiben mit einer handgerührten Olivenöl-Vinaigrette ist genauso schnell in der Schüssel wie ein vorgewaschener Tütensalat mit abgepacktem Dressing aus dem Supermarkt. Und ein selbst zusammengestellter Salat hat noch den großen Vorteil, dass man bis zum letzten Körnchen Salz ganz genau weiß, was drin ist.

Fünf am Tag

Hinter dieser kurzen Formel verbirgt sich eine leicht im Alltag umsetzbare Ernährungsregel: Essen Sie fünf Portionen Gemüse und Obst am Tag. Wer das beherzigt, versorgt sich und seine Lieben mit genügend Vitaminen, sekundären Pflanzenstoffen, Ballaststoffen und Mineralstoffen. Wählen Sie die Portionen (je nach Volumen 50–200 g) nach dem Ampelprinzip aus. Das heißt für die Praxis: Essen Sie täglich mindestens eine rote Gemüse- oder Obstportion (wie Tomaten, Paprika, Radieschen, Rote Bete, Erdbeeren usw.), eine gelbe oder orangefarbene (Möhren, Paprika, gelbe Zucchini, Ananas, Melonen, Orangen usw.) sowie eine grüne (Brokkoli, Spinat, Wirsing, Bohnen, Feldsalat, Äpfel, Birnen, Stachelbeeren usw.). So ist das Spektrum der aufgenommenen Nährstoffe am breitesten gefächert.

Eine bunte Vielfalt an Obst und Gemüse sollte täglich auf dem Speiseplan stehen.

Vorspeise, Beilage oder Hauptgericht?

Leichte Blattsalate und Salate mit Fisch und Meeresfrüchten bieten sich als Vorspeisen an. Bittere Salate mit Wildkräutern, Chicorée oder Radicchio gelten zudem als appetitanregend. Eine kleine Portion Salat zum Hauptgericht kennt man hauptsächlich aus der regionalen Küche, etwa als Krautsalat zum Schweinebraten oder als Gurkensalat zum panierten Fischfilet.
Salate aus Nudeln, Reis und Getreide, deftige Gemüsesalate und gehaltvolle Salate mit Fleisch, Geflügel und Fisch können im Sommer das Hauptgericht ersetzen.
Für ein kaltes Bufett und als Partygericht eignen sich all die Salate besonders gut, die einige Stunden durchziehen müssen, um ihren vollen Geschmack zu entfalten, also Nudel-, Reis- und Getreidesalate sowie Fleisch- und Geflügelsalate.
Zu Blatt- und Gemüsesalaten sollte die Vinaigrette oder das Dressing möglichst separat gereicht werden.

Salat als Schlankmacher

Wer als Vorspeise eine große Portion Salat mit einem leichten Dressing oder einer fettarmen Vinaigrette wählt, wird anschließend mit einem entsprechend kleinen Hauptgericht zufrieden sein.
Bestellen Sie Salat im Restaurant ohne Dressing, und lassen Sie sich Salz, Pfeffermühle, Essig- und Ölflasche dazu bringen. So können Sie ihn selbst anmachen und etwa beim Öl sparen.

Salat zum Mitnehmen

Vorbereitete Salate sind eine praktische Zwischen- oder Hauptmahlzeit am Arbeitsplatz oder ein Pausensnack in der Schule. Sie eignen sich als Imbiss auf einer längeren Reise und fürs Picknick. An einem heißen Tag bleibt der Salat beim Transport schön frisch, wenn man ihn in eine Plastikdose füllt und diese in einen Isolierbeutel wickelt. Wer keine Zeit zum Vorbereiten hat, kann sich für seine Mittagspause im Büro einen kleinen Essig-und-Öl-Vorrat anlegen. So lassen sich Tomaten, Gurke und Schafskäse in der Kaffeeküche nicht nur schnippeln, sondern auch anmachen.

Die 10 besten Salat-Tipps

- Zarte Blattsalate immer erst direkt vor dem Servieren mit Dressing anmachen.
- **Für den Mittagssnack vorbereiteten Salat in einer fest verschließbaren Plastikdose mitnehmen und die dazugehörende Sauce separat in ein Schraubdeckelglas füllen.**
- Kartoffel-, Reis- und Nudelsalate maximal 4 Stunden im Voraus zubereiten. Vor dem Servieren mit Salz und Essig abschmecken: Der Salat verliert beim Durchziehen an Würze.
- **Blattsalatreste waschen und abtropfen lassen. Im Ganzen oder zerkleinert in einem Gefrierbeutel ins Gemüsefach des Kühlschranks legen. Der Salat bleibt so gut 2 Tage frisch.**
- Reste von frischen Kräutern waschen, trockenschütteln, hacken und portionsweise (im Eiswürfelbehälter) einfrieren.
- **Blatt- und Gemüsesalate mit einer leichten Vinaigrette anmachen. Für ein cremiges Dressing Mayonnaise oder Schlagsahne und Joghurt (1,5% Fett) 1 : 1 verwenden.**
- Reste von Salaten mit cremigem Dressing eignen sich für Sandwiches. Brot mit Salatblättern, Gurken- und Tomatenscheiben belegen, Salat daraufgeben, zusammenklappen.
- **Für Gemüsesalate Gemüse für Beilagen immer in doppelter Menge garen. Es hält sich im Kühlschrank 1–2 Tage.**
- Zum Mitnehmen Obstsalate nur mit Zitronensaft anmachen, das Dressing separat in ein Schraubglas füllen.
- **Frische Ananas, Kiwis und Papayas werden in Kombination mit Milchprodukten bitter. Entweder das Obst kurz dünsten, mit einer Vinaigrette anmachen oder Konservenobst verwenden.**

Ob im Garten oder beim Picknick, zu zweit oder in größerer Runde – das Grillen zählt zweifellos zu den beliebtesten kulinarischen Sommerfreuden.

Sommerzeit ist Grillzeit

Sobald die Tage wieder länger werden und man am Abend in lauer Luft lange draußen verweilen kann, geht es los: Es werden Würstchen besorgt, Fleisch, Geflügel und Fisch ausgewählt, leckere Saucen, Marinaden und Dips angerührt, Gemüse geputzt, Salate angemacht, und auch das eine oder andere Obst wird vorbereitet für eines der größten Vergnügen, die der Sommer zu bieten hat: das Grillen.

Grillen macht Spaß

Ob über Holzkohle oder mit Gas, auf Eigenkonstruktion oder Hightech-Gerät – die Zubereitung von Speisen im Freien auf dem Grill macht Spaß, und wenn man ein paar Regeln beachtet, ist Gegrilltes auch gesund. Wichtig ist, dass die Mischung stimmt: Zu Fleisch und Wurst sollten sich auch Gemüse und Obst gesellen, entweder ebenfalls gegrillt (dann haben auch Vegetarier Spaß am Barbecue) oder in Form von köstlichen Salaten. Anregungen für interessante Kombinationen finden Sie auf den Seiten 204 und 205.
Ein weiterer Aspekt, der das Grillen weltweit so beliebt macht: Mancher Mann, der um den Küchenherd üblicherweise einen großen Bogen macht, bewaffnet sich freiwillig mit Blasebalg, Handschuh und Grillzange, um an der Freiluftkochstelle sein kulinarisches Talent unter Beweis zu stellen. Dann sollten Familie, Freunde und Verwandte, die am Open-Air-Schmaus teilhaben dürfen, mit Lob nicht geizen – doch natürlich gebührt auch den Vertreterinnen des weiblichen Geschlechts Anerkennung, wenn sie unter freiem Himmel Köstliches zubereiten.

Welcher Grill soll es sein?

Baumärkte und Gartencenter, Kaufhäuser und Großmärkte offerieren eine Vielzahl unterschiedlichster Geräte, vom Einweggrill über klassische schlichte Kleingeräte bis zu großen Wagen mit allem möglichen Komfort. Doch kann man sich die Wahl erleichtern, indem man sich von vornherein festlegt, wie der Grill beheizt werden soll – elektrisch, mit Holzkohle oder mit Gas?

Grillen mit Strom

Elektrogeräte sind meist klein, eignen sich also nicht für große Grillfeste mit einer reichhaltigen Speisenauswahl. Prima sind sie für Singles, Paare oder Kleinfamilien, die nur ab und zu mal auf dem Balkon grillen möchten. Ein solches Gerät ist auch förderlich für gute Nachbarschaft, weil das Grillgut keinen störenden Rauch entwickelt. Außerdem von Nutzen: Nur ein Elektrogrill darf auch in Haus und Wohnung benutzt werden.

Grillen mit Kohle

Ein Holzkohlegrill hat den Vorteil, dass er den Speisen, die darauf zubereitet werden, das typische rauchig-würzige Aroma verleiht.
Ein Einweggrill, wie er im Handel für wenige Euro angeboten wird, ist etwas für Leute, die das Grillen, beispielsweise im Urlaub, einmal ausprobieren möchten. Er wird nach dem Essen einfach entsorgt. Ein kleiner

Holzkohlegrill eignet sich für diejenigen, die nicht sehr häufig und nur geringe Mengen grillen wollen. Vier Steaks sollten allerdings schon auf dem Grillrost locker Platz haben. Für Familien und für Menschen, die gern viele Personen mit Gegrilltem bewirten möchten, sollte das Gerät entsprechend größer sein.
Sehr beliebt sind Kugelgrills. Bei ihnen lässt sich die Luftzufuhr präzise regulieren, und die Kohle verglüht gleichmäßig. Bei aufgesetztem Deckel zirkuliert die Hitze in der Kugel wie in einem Backofen, das Grillgut gart gleichmäßig, und selbst größere Braten und großes Geflügel wie Ente, Babypute oder Gans lassen sich so zubereiten. Wichtig für alle Holzkohlegrills: Sie sollten standfest und solide verarbeitet sein – ein kippeliger Grill ist gefährlich, und an lockeren Schrauben und Nieten bildet sich oft Rost, der nach einiger Zeit den Grill ruiniert. Vor unangenehmem Aschenflug bewahrt ein Windschutz.

10 Grill-Tipps für die Sicherheit

- Achten Sie darauf, dass das Gerät auf ebenem Untergrund steht. Sonst kann es kippen – Verletzungsgefahr!
- **Grillen Sie nicht unter Vordächern, Sonnenschirmen oder -segeln und Markisen. Sollte es zu einem Fettbrand kommen, können Flammen nach oben schlagen.**
- Lassen Sie Kinder in der Nähe des Grills nicht unbeaufsichtigt. Am besten, Sie erklären einen Radius von 2–3 Metern um den Grill zur „kinderfreien Zone".
- **Anzündhilfen sind nützlich. Greifen Sie aber nur zu geprüften Flüssigkeiten, Pasten oder Gelen (DIN 66358) – Benzin, Spiritus oder Alkohol gefährden Leib und Leben.**
- Verwenden Sie keine Brennmaterialien wie Kleinholz oder Zeitungspapier, es könnten giftige Gase entstehen.
- **Gegen ein Gläschen in Ehren ist beim Grillen sicher nichts einzuwenden, doch sollte man soweit nüchtern bleiben, dass man den Grill noch sicher bedienen kann.**
- In der Nähe eines Holzkohlegrills sollte immer ein Eimer Wasser griffbereit sein. Brennendes Fett aber nie mit Wasser löschen – Verbrennungsgefahr!
- **Tragen Sie beim Grillen hitzebeständige Handschuhe mit langem Schaft, um sich vor der Gluthitze zu schützen.**
- Garen Sie kleine Grillstücke auf Alufolie oder in einer Aluschale, damit nichts in die Glut fällt und verkohlt.
- **Denken Sie auch an Ihre Mitmenschen: Dicke Rauchschwaden, die über Nachbars Garten oder den Balkon nebenan ziehen, haben schon manch gut nachbarliches Verhältnis zerstört.**

Grillen mit Gas

Für einen Gasgrill spricht, dass er im Nu aufgeheizt ist, dass die Hitze sich wie bei einem Küchenherd regulieren lässt, und dass die Reinigung sehr einfach ist. Meist nehmen Lavasteine das abtropfende Fett auf, sodass keine gesundheitsschädlichen Substanzen freigesetzt werden. Die Geräte sind allerdings sehr groß und auch recht teuer, und den darauf gegarten Speisen fehlt das von wahren Grillfans so sehr geschätzte rauchige Aroma. Außerdem sind die Gasflaschen sperrig und schwer, Nachschub zu besorgen ist also nicht einfach.
Auch für Gasgrills gilt: Standfestigkeit und solide Verarbeitung sind oberstes Gebot, damit man lange Freude an seiner Freiluftküche hat. Und denken Sie an eine Hülle, die das Gerät schützt, wenn es bei schlechtem Wetter draußen steht.

Nützliches für die Salatküche

Messer, Brett, großes Sieb und Schüssel – die Grundausstattung für die Zubereitung einfacher Salate hat eigentlich jeder in seinem Küchenschrank. Doch wer regelmäßig Salat zubereitet und auf Abwechslung in der Salatschüssel Wert legt, wird sich nach und nach weiteres Küchenhandwerkszeug kaufen. Egal, ob Sie sich ein Spezialmesser für das dekorative Zurechtschneiden von Gemüse zulegen, einen Eierschneider, eine Knoblauchpresse oder ein Wiegemesser zum Feinhacken von Kräutern: Achten Sie beim Einkauf auf solide Qualität. Und falls Sie eine Spülmaschine besitzen, informieren Sie sich vor dem Kauf neuer Utensilien, ob diese auch die heiße Dusche in der Maschine vertragen.

Zum Waschen und Trocknen

Gemüsebürste: zum Säubern von Wurzelgemüse und Kartoffeln. *Pilzbürste:* für Pilze. *Durchschlag* (großes Sieb): zum Abtropfenlassen von Blattsalaten oder kleinerem Gemüse; auch zum Abgießen von Nudeln. *Salatschleuder:* zum Trocknen von Salatblättern; ebenso für Kräuterzweige. *Geschirrtuch:* praktisch, um Salatblätter darin trockenzuschütteln. *Haarsieb* (feines Sieb): zum Abtropfenlassen von Gemüse aus der Dose, wie Mais und Bohnen, sowie gekochtem Reis. *Küchenpapier:* zum Trockentupfen von Gemüse oder Fleisch.

Zum Schneiden und Schälen

Sparschäler: zum dünn Schälen von Obst und Gemüse. *Kleines Gemüsemesser:* zum Schälen, fein Schneiden und Würfeln. *Mittelgroßes Messer:* zum Schneiden von Fleisch und Fisch, größerem Gemüse und Obst. *Großes Messer:* zum Schneiden von Kohlköpfen und Salatblättern, Ananas und Melonen. *Wiegemesser:* zum groben Schneiden von Blattspinat und Blattsalaten. *Schneidebretter:* Obst auf einem Brett mit Saftrinne schneiden, das ausschließlich für Obst verwendet wird.

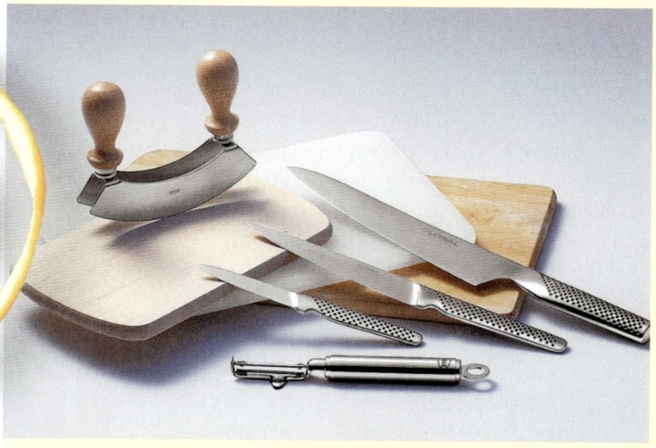

Zum Zerkleinern

Rohkostreibe und Gurkenhobel: zum grob und fein Raspeln und zum Schneiden hauchdünner Gemüsescheiben. *Hackmesser oder großes Messer mit breiter Klinge*: zum fein Hacken von Kräutern. *Blitzhacker:* ebenfalls zum Hacken von Kräutern, auch zum Zerkleinern von Nüssen und anderen härteren Salatzutaten. *Knoblauchpresse:* zum Zerkleinern von Knoblauch, aber auch frischer Ingwerwurzel. *Mörser:* zum grob oder fein Zerkleinern von Kräutern und Gewürzen.

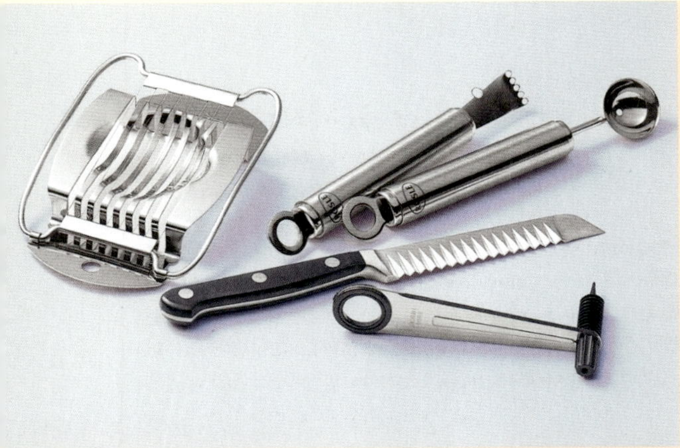

Zum Formen

Kugelausstecher: zum Formen von Kugeln, z. B. aus Melonen oder Kartoffeln. *Buntmesser:* zum Schneiden von Scheiben oder Stücken mit zickzackförmiger Oberfläche. *Radischneider:* zum spiralförmigen Schneiden von Rettich. *Eierschneider:* zum Scheibenschneiden von Eiern, Champignons, Pellkartoffeln und Mozzarella. *Zestenreißer:* zum Abschneiden von Zitrusschalen in feinen Streifen.

Zum Mixen

Schneebesen: zum leichten Aufschlagen von Dressings und Saucen; einen kleinen für Vinaigretten, die in kleinen Schüsseln aufgeschlagen werden, und einen großen für zarte Cremes und Dressings, die in einer großen Schüssel aufgeschlagen werden. *Elektrisches Handrührgerät und Mixer:* zum schnellen, kräftigen Mixen und Aufschlagen. *Mixbecher:* zum Mischen von flüssigen Zutaten wie Essig und Öl durch kräftiges Schütteln.

Zum Anrichten und Mitnehmen

Salatplatte: zum Anrichten von Salaten auf Blättern oder von Salaten, die nicht vermischt werden sollen. *Salatbesteck:* zum Durchmischen und Auftragen von Salaten. *Dosen oder Schüsseln mit Deckel*: zum Mitnehmen von Salaten, z. B. zum Picknick, zur Party oder zur Arbeit. Glasschüsseln können direkt aufs Bufett gestellt werden.

Kleine Helfer für mehr Grillvergnügen

Wenn Sie nach einem passenden Grill Ausschau halten, sollten Sie auch einen Blick in die Zubehörabteilung werfen: Ohne ein paar Spezialutensilien kommt man beim Grillen nicht aus. Sie erleichtern die Arbeit, und viele sorgen für mehr Sicherheit. Achten Sie bei der Auswahl auf Qualität, damit Sie lange Freude an Ihren kleinen Helfern haben. Die führenden Hersteller bieten Grillzubehör an, das genau auf ihre Grills abgestimmt ist. Am besten bewahren Sie alle Grillutensilien in einer »Grillkiste« auf, dann ist immer alles gleich zur Hand, wenn man es braucht, und die Küchenschubladen bleiben aufgeräumt.

Zum Grillen von kleinen Teilen

Schaschlikset: Für Spieße mit empfindlichen Zutaten wie Meeresfrüchte und Gemüse – alles gart gleichmäßiger als direkt auf dem Grillrost, und es kann nichts am Grillrost festkleben. *Gemüseschale*: für zerkleinertes Obst und Gemüse. Lässt sich auch ähnlich wie ein Wok zum Pfannenrühren verwenden.
Praktisch sind einfache Aluschalen für Gemüse, Fisch und Meeresfrüchte sowie Fleischstücke, die in Flüssigmarinaden eingelegt wurden und tropfnass gegart werden sollen. Können wie Bratpfannen eingesetzt werden.

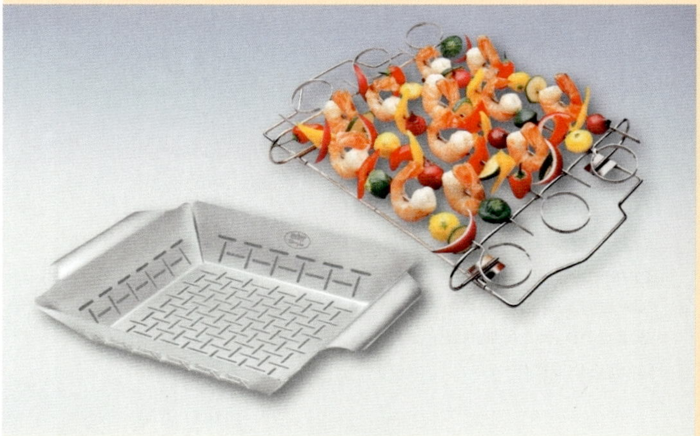

Zum Wenden

Grillbesteck: Die Grundausstattung aus Zange, Universalwender und Fleischgabel ist vielseitig einsetzbar. Achtung: Die Gabel nur zum Herunterheben gegarter Stücke verwenden, sonst tritt beim Hineinstechen wertvoller Fleischsaft aus. Alle Utensilien sollten lange Griffe haben, damit Hände und Arme vor der Glut geschützt sind.
Wer öfter Fisch grillt, dem erleichtert ein Fischwender das Wenden größerer ganzer Fische.

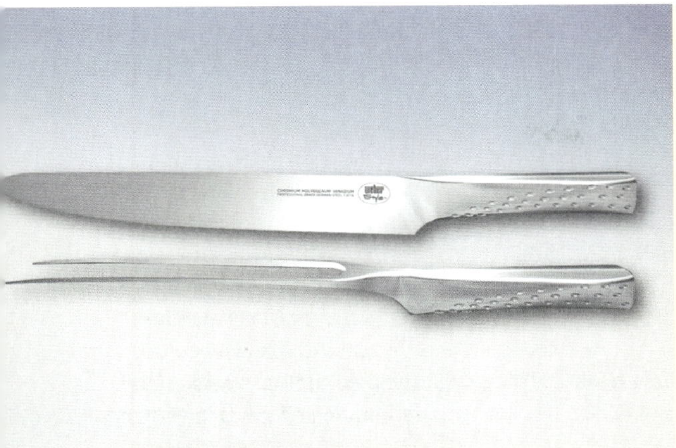

Zum Grillen von Fisch

Fischkorb: Zum Grillen von ganzen Fischen bieten sich Fischkörbe an, die in verschiedenen Größen erhältlich sind. In diese können Sie den Fisch komplett einspannen und ihn einfach mitsamt des Korbes wenden. So kann der Fisch beim Wenden nicht auseinanderfallen.

Zum Tranchieren

Tranchierbesteck: Für große Fleischstücke und im Ganzen gegrilltes Geflügel unerlässlich. Das Messer muss scharf sein (ein Sägemesser eignet sich nicht), die Gabel gut greifende Zinken haben. Wichtig beim Tranchieren ist eine stabile Unterlage – am besten investieren Sie in einen stabilen Beistelltisch. Denken Sie auch daran, Messer und Gabel außer Reichweite von Kindern zu halten, sowohl beim Grillen als auch im Anschluss daran.

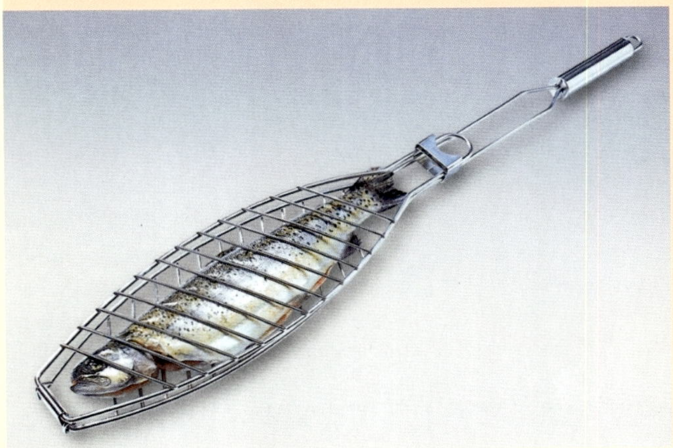

Zum Grillen großer Stücke

Drehspieß: für Braten und Geflügel mit langer Garzeit. Es gibt, je nach Grill, Spieße mit Elektromotor und solche für den Handbetrieb. Durch das Rotieren wird das Gargut gleichmäßig von der Hitze bestrahlt. Wichtig ist, dass der Spieß stabil ist und sich unter der Last eines schweren Bratens nicht verbiegt.

Zum Grillen von Fleisch

Bratenkorb: In einem speziellen Bratenkorb lassen sich große und kleine Fleischstücke (z.B. große Steaks oder Rollbraten) oder auch Geflügel besonders gut grillen. Ebenfalls praktisch ist solch ein Zubehör für das Grillen empfindlicher Lebensmittel (z.B. Fisch). Tipp: Zum Auffangen des Fleischsaftes den Korb während des Grillens auf eine Aluschale stellen.

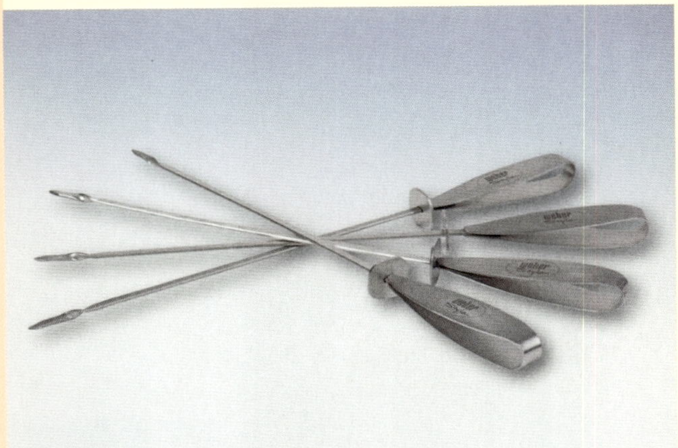

Zutaten richtig vorbereiten

Kräuter, Salatblätter, Zwiebeln, Tomaten und Knoblauch sind ein Muss in der Sommerküche. Damit ihr Aroma erhalten bleibt, sollten Sie die jeweilige Zutat möglichst erst kurz vor der Verwendung zerkleinern. Vor allem fein geschnittene Kräuter, Zwiebeln und Knoblauch verlieren schnell ihre ätherischen Öle und damit ihr typisches Aroma. Deshalb: vorbereitete Zutaten abgedeckt aufbewahren.

Kräuter waschen und hacken

1 Die Kräuter am besten im Bund oder verschiedene Kräuter an den Stielen zusammennehmen und unter fließend kaltem Wasser abbrausen. Dann gründlich über dem Spülbecken trockenschütteln.

2 Die Kräuterblättchen von den Stielen zupfen und auf ein großes Schneidebrett häufen. Zuerst mit einem großen, scharfen Messer mehrmals grob durchschneiden.

3 Dann die Blättchen hacken: die Messerspitze mit einer Hand auf das Brett drücken, mit der anderen den Messergriff auf und ab bewegen. Je nachdem, wie fein die Kräuter gehackt werden sollen, dies mehrmals in verschiedene Richtungen wiederholen.

Blattsalat vorbereiten

1 Die Blätter vom Salatkopf ablösen. Beschädigte, unschöne Blätter wegwerfen. Aus den anderen Blättern, falls nötig, harte mittlere Rippen mit einem Messer herausschneiden.

2 Salatblätter in ein großes Sieb geben und unter fließend kaltem Wasser waschen, am besten vorsichtig abbrausen.

3 Die etwas abgetropften Blätter in die Salatschleuder füllen und sanft trockenschleudern. Zwischendurch das Wasser aus der Auffangschüssel abgießen.

Zwiebel in Würfel schneiden

1 Die Zwiebel abziehen und den Stängelansatz abschneiden. Die Wurzel noch daranlassen, sie hält die Zwiebel beim Schneiden zusammen.

2 Zwiebel längs halbieren, mit den Schnittflächen auf ein Brett legen. Hälften längs dicht nebeneinander mehrfach bis zur Wurzel ein-, aber nicht durchschneiden.

3 Die Zwiebelhälften waagerecht mehrmals dicht nebeneinander bis kurz vor die Wurzel einschneiden. Zum Schluss die Zwiebelhälften quer so dünn schneiden, dass kleine Würfel entstehen.

Tomaten abziehen

1 Die Tomaten waschen, die Blättchen oben abzupfen und die Früchte in eine hitzebeständige Schüssel legen.

2 Die Tomaten mit kochend heißem Wasser überbrühen und 30–60 Sekunden ziehen lassen.

3 Die Tomaten abgießen und nacheinander auf eine Gabel spießen, die Haut mit einem spitzen Messer einritzen und abziehen. Die Früchte halbieren und die Stielansätze keilförmig herausschneiden.

Knoblauch zerkleinern

1 Die Zehe abziehen und halbieren. Eventuell den grünen Schössling, der sich in länger gelagerten Knoblauchzehen bildet, herauslösen und entfernen.

2 Die längs halbierte Knoblauchzehe wiederum längs in feine Streifen, dann quer in kleine Stücke schneiden. Sehr fein zerkleinert wird Knoblauch, wenn man ihn durch eine Presse drückt.

3 Für einen dezenten Knoblauchgeschmack die abgezogene Knoblauchzehe halbieren und die Salatschüssel damit ausreiben. Knoblauchreste wegwerfen.

Essig und Öl

Essig verleiht Salatdressings, Marinaden sowie Suppen und vielen anderen Gerichten eine erfrischende, säuerliche Note. Das geschmacklich darauf abgestimmte Öl rundet das Ganze dann ab und liefert noch wertvolle gesundheitsfördernde Fettsäuren mit dazu.

Aceto balsamico, rot und weiß

Aus Modena oder der Reggio Emilia stammt der echte Aceto balsamico tradizionale oder naturale. Eingekochter Most wird über mehrere Jahre vergoren und reift teils jahrzehntelang aus. Seine süßliche, milde Säure schmeckt am besten in italienischen Salaten, zu Tomaten mit Mozzarella, aber auch zu Erdbeeren.

Apfelessig

Aus Apfelmost hergestellter, fruchtiger und milder Essig. Wird, mit Wasser verdünnt, auch als stoffwechselanregendes Mittel genossen. Schmeckt in Rohkost- und Geflügelsalaten.

Bieressig

Malziger Essig, der in alten Weinfässern reift. Mit 5 % Säure ein milder, aber kräftiger Essig, passt zu dunklen Blatt-, deftigen Weißkohl- und herzhaften Gemüsesalaten sowie zu Schweinefleisch.

Cassisessig

Aus Rotwein und schwarzen Johannisbeeren gewonnene Essigspezialität mit 6–7 % Säuregehalt. Der herb-fruchtige Essig passt besonders gut zu Eichblatt- und Bataviasalat sowie zu Pilzen, dunklem Fleisch und Thunfisch.

Reisessig

Wird aus Reiswein vergoren. Schmeckt fast neutral und dank seines niedrigen Säuregehalts (5–6 %) recht mild. Für Salate mit asiatischer Note geeignet.

Rotwein- und Weißweinessig

Wird aus reinem Wein gewonnen, Säuregehalt 6–8 %. Weißweinessig schmeckt mild und spritzig, Rotweinessig kräftig und mehr oder weniger fruchtig. Geschmack und Qualität hängen von den verwendeten Weinen und der Reifung ab.

Sherryessig

Wird aus vergorenem Sherry hergestellt; reift in Eichenholzfässern. Würzig-aromatisch, 7–8 % Säure; zu Blattsalaten, Reis- und Getreidesalaten, zu hellem und dunklem Fleisch und Fisch.

Kürbiskernöl

Dunkelgrün und dickflüssig; wird überwiegend als Würzöl verwendet. Passt zu Blatt-, Gemüse- und Hülsenfruchtsalaten sowie zu dunklem Fleisch. Ideal: Geben Sie einige Tropfen davon auf eine Kürbiskernsuppe.

Olivenöl

Je nach Sorte und Herkunft unterschiedlich im Geschmack; kann bis zu 220 °C erhitzt werden. Hochwertige Sorten (»Natives Olivenöl extra«) ausschließlich für Salate und kalte Speisen, Olivenöle mittlerer Qualität (»Natives Olivenöl« und »Olivenöl«) zum Erhitzen (Braten, Grillen, Frittieren) verwenden.

Rapsöl

Das nussige Aroma kaltgepresster Sorten kommt in Salaten, Dips und Marinaden am besten zur Geltung. Zum Erhitzen geschmacksneutrale Sorten verwenden. Enthält reichlich wertvolle ungesättigte Fettsäuren.

Sesamöl

Wird aus ungerösteten oder gerösteten Sesamsamen gepresst; milder bis ausgeprägt sesamartiger Geschmack. Einige Tropfen geröstetes Sesamöl genügen zum Aromatisieren; für Salate und Dips mit einem neutralen Öl kombinieren.

Traubenkernöl

Variiert im Geschmack von feinherb bis mild und fruchtig. Für Salate, aber auch zum Erhitzen geeignet. Reich an mehrfach ungesättigten Fettsäuren.

Walnussöl

Sein mildes Nussaroma passt zu herzhaften Salaten; reich an ungesättigten Fettsäuren. Wer das Öl selten verwendet, sollte es in kleinen Mengen kaufen. Alternativ kann auch Haselnussöl genommen werden.

Kräuter-Zitronen-Öl

1 unbehandelte Zitrone
2 Zweige Zitronenthymian
4 Zitronenmelisseblätter
4 Stängel glatte Petersilie
1 Zweig Estragon
6 schwarze Pfefferkörner
750 ml kaltgepresstes Raps- oder Olivenöl

Zitrone unter heißem Wasser abbürsten; trockenreiben. Die Schale in dünnen Streifen abschneiden und in eine Flasche geben. Kräuter abbrausen und trockentupfen, mit Pfeffer in die Flasche füllen. Alles mit Öl bedecken. Flasche gut verschließen. An einem dunklen, kühlen Ort mindestens 1 Woche durchziehen lassen.

Gewürzöl mit Knoblauch

2 ganz frische Knoblauchzehen
2 Zweige frischer Thymian
1 getrocknete Chilischote
10 schwarze Pfefferkörner
1/2 TL Fenchelsamen
2 getrocknete Lorbeerblätter
750 ml Olivenöl

Knoblauch abziehen, mit einer Messerklinge anquetschen. Thymian, falls nötig, abbrausen und trockentupfen. Knoblauch, Thymian, Chilischote, Pfeffer, Fenchel und Lorbeer in eine Flasche füllen. Alles mit Olivenöl bedecken. Flasche gut verschließen. An einem dunklen, kühlen Ort mindestens 1 Woche durchziehen lassen. Wird der Knoblauchgeschmack zu intensiv, die Knoblauchzehen entfernen.

Trüffelöl

1 frische Trüffel (etwa 5 g)
5 schwarze Pfefferkörner
500 ml mildes Olivenöl

Die frische Trüffel mit einem fusselarmen Tuch sauber reiben; in hauchdünne Scheiben hobeln. Trüffelscheibchen und Pfefferkörner in eine sorgfältig gereinigte, trockene Flasche füllen, das Olivenöl daraufgießen. Die Flasche gut verschließen. Das Öl an einem dunklen, kühlen Ort mindestens 1 Woche ruhen lassen, dabei gelegentlich durchschütteln. Ist das Öl verbraucht, kann frisches auf die Trüffelspäne gegossen werden, um erneut Trüffelöl herzustellen.

Himbeeressig

250 g und 1 Handvoll frische Himbeeren
1 l Champagner- oder Weißweinessig mit 7 % Säure
1 EL Honig

250 g Himbeeren abbrausen und trockentupfen; in einen großen Topf geben und leicht zerdrücken. Essig und Honig dazugeben, alles auf 40 °C erhitzen. Den Ansatz in ein großes Glas oder eine Flasche füllen, diese mit einem Gazetuch zubinden. Den Ansatz 14 Tage an einem dunklen, nicht zu kühlen Ort stehen lassen, dabei gelegentlich schwenken. Essigansatz erst durch ein Haarsieb, dann durch ein Mulltuch filtrieren, in Flaschen füllen. Vor dem Verschließen eine Handvoll frische, gewaschene Himbeeren in den Essig geben. Kühl und dunkel lagern.

Kräuteressig

3 Zweige Basilikum
2 Zweige Thymian
3 Zweige Majoran
1 kleiner Zweig Rosmarin
3 Stängel Petersilie
1 Zweig Zitronenthymian
1 EL Senfkörner
6 schwarze Pfefferkörner
1 l Weiß- oder Rotweinessig (7 % Säure)

Die Kräuter abbrausen und mit Küchenpapier sorgfältig trockentupfen. Kräuter, Senf- und Pfefferkörner in eine oder mehrere sorgfältig gesäuberte Flaschen füllen, Essig daraufgießen. Flaschen verschließen. Den Essig an einem dunklen, nicht zu kühlen Ort 3–4 Wochen durchziehen lassen.

Essig mit Kräutern und Blüten

1 Bund Dill
6 Sauerampferblätter
1 Zweig grüne Minze
1 Zweig Estragon
3 Dillblütendolden
6 makellose Kapuzinerkresseblüten
1 l Weißweinessig (7 % Säure)

Kräuter abbrausen und mit Küchenpapier sorgfältig trockentupfen. Blüten, falls nötig, säubern. Essig leicht erwärmen. Kräuter und Blüten in eine oder mehrere sorgfältig gesäuberte Flaschen füllen, Essig daraufgießen. Flaschen verschließen; Essig an einem dunklen, kühlen Ort 4 Wochen durchziehen lassen. Wer mag, kann die Kapuzinerkresseblüten nach den 4 Wochen durch frische Blüten ersetzen.

Holunderblütenessig

8 frische Holunderblütendolden
Salz
1 l Weißweinessig
250 ml Weißwein
100 g Zucker

Die Holunderblüten 3–4 Minuten in reichlich gesalzenes Wasser legen. Herausnehmen, abbrausen und auf mehreren Lagen Küchenpapier abtropfen lassen. Essig, Weißwein und Zucker in einem großen Topf erwärmen. Holunderblüten in Flaschen füllen und die Essigmischung daraufgießen. Die Flaschen gut verschließen und den Essig mindestens 2 Wochen durchziehen lassen.

Kräuter und Gewürze

Sie verleihen Suppen, Salaten, Saucen und Marinaden das gewisse Etwas. Kräuter, die oft verwendet werden, kann man im Topf kaufen und im Kräutergarten oder Blumenkasten einpflanzen. Alternativ bieten sich auch getrocknete oder tiefgefrorene Kräuter an. Gewürze sollten Sie möglichst kurz vor der Verwendung mahlen oder zerstoßen – so kommt ihr Aroma optimal zur Geltung.

Basilikum

Das pfeffrige und doch milde Kraut ist das perfekte Sommerkraut. Es harmoniert perfekt mit vollreifen Tomaten und anderen zarten Gemüsen, wie beispielsweise weißem Spargel. In feine Streifen geschnitten, passt Basilikum außerdem bestens zu Fisch und Meeresfrüchten sowie zu Nudel- und Reissalaten.

Majoran

Ätherische Öle, Gerb- und Bitterstoffe sind für das frische, pikante Aroma des mediterranen Küchenkrauts verantwortlich. Getrocknet ist Majoran noch ausgeprägter und herzhafter im Geschmack. Frischen Majoran nicht mitgaren, sondern kurz vor dem Servieren zum Gericht geben. Das Kraut passt zu dunklem Fleisch oder dunkelgrünem Gemüse.

Minze

Das frische grüne Kraut verträgt sich bestens mit Petersilie und Knoblauch und verliert in einer Vinaigrette leicht an Schärfe. Marokkanische Minze, Ananasminze, Kentucky Spearmint und viele andere Minzesorten findet man im Handel. Eine gute Bezugsquelle ist auch ein Gartencenter oder ein Kräuter-Versandhandel. Hocharomatische getrocknete Minze gibt es unter der Bezeichnung Nane beim türkischen oder arabischen Lebensmittelhändler.

Petersilie

Egal ob glatt oder kraus, herb-würzig oder eher mild, Petersilie ist das Küchenkraut schlechthin. Es schmeckt eigentlich in fast allen Speisen und ist auch noch besonders gesund: Das Kraut regt den Appetit an, wirkt gegen Blutarmut, Rheuma und Infektionskrankheiten. Petersilie bekommt man zu jeder Jahreszeit.

Rosmarin

Mit seinem harzigen, ätherischen Aroma ist Rosmarin besonders in der mediterranen Küche begehrt. Für Salate sollten die langen, schmalen Blätter (Nadeln) von den Stielen gezupft und fein gehackt werden. Rosmarin harmoniert mit Thymian, Majoran, Zitronenthymian und Petersilie in einer Kräutervinaigrette, schmeckt aber auch solo in Pilzsalaten oder Salaten mit dunklem Fleisch oder Geflügel.

Schnittlauch

Die langen grünen Halme gelten als das feinste Zwiebelgewächs überhaupt. Frischen Schnittlauch nicht mitkochen, sondern immer zum Schluss den Gerichten zufügen. Dafür die Halme, falls nötig, waschen und mit einem scharfen Messer oder einer Küchenschere in feine Röllchen schneiden. Schnittlauch harmoniert besonders gut mit Petersilie, Dill, Kerbel und Wildkräutern.

Thymian

Aus der provenzalischen und italienischen Küche ist dieses intensiv würzige Kraut nicht wegzudenken. Thymianzweige können im Ganzen mitgekocht werden, oder man streift die Blättchen von den Stielen, hackt sie grob und streut das frische Kraut vor dem Servieren über das Gericht. Thymian schmeckt am besten in Kräuter-Vinaigretten, in mediterranen Salaten mit Fisch und Meeresfrüchten sowie in Nudel- und Kartoffelsalaten mit Gemüse und Olivenöl.

Zitronenmelisse

Die saftig grünen Blätter haben ein ausgeprägtes Zitronenaroma, weshalb man sie nur sparsam in Marinaden, Vinaigretten und Salaten einsetzt. Wer Zitronenmelisse im Garten oder auf dem Balkon zieht, wird schon sehr bald Erfolgserlebnisse haben: Das Kraut wuchert unermüdlich, ist winterhart und anspruchslos. Besonders gut machen sich Zitronenmelisseblättchen im Ganzen als Dekoration von herzhaften und süßen Salaten.

Chili und Cayennepfeffer

Es gibt rote und grüne Chilis, die frisch und getrocknet angeboten werden. Je nach Sorte schmecken sie beißend bis fruchtig scharf, aber auch milder und süßlich (z. B. einige südeuropäische Peperoncini). Frische Schoten sind meist weniger scharf als getrocknete, vor allem, wenn man Samen und Trennwände entfernt. Getrocknete gibt es ganz, in Form von Flocken (geschrotet) oder als feines Pulver zu kaufen. Cayennepfeffer ist eine Mischung verschiedener roter Chilisorten, die im Ganzen (samt Kernen) vermahlen werden, und ist besonders scharf.

Ingwer

Schmeckt frisch am besten – feinmild, aber auch würzig scharf. In Kombination mit Knoblauch ideal zum Würzen süßsaurer Salate und anderer Gerichte. Verleiht Marinaden eine asiatische Note. Frische Wurzeln können im Kühlschrank gut verpackt 3–4 Wochen gelagert werden. Wenn man keinen frischen Ingwer zur Verfügung hat, kann man ihn durch getrockneten ersetzen.

Kardamom

Wird im Ganzen in Form hellgrüner Kapseln verkauft. Die schwarzen kleinen Samen mit süßlich-scharfem Aroma befinden sich in den Kapseln. Darin sollte man sie auch aufbewahren, denn so bleibt das Aroma am besten erhalten. Vor der Verwendung die Kapseln aufbrechen und die Samen im Mörser zerstoßen; nach Belieben vorher in einer trockenen Pfanne rösten. Man kann auch die ganzen Kapseln in einem Gericht mitkochen und anschließend herausnehmen.

Koriander

Die kleinen runden Samen haben einen würzig pikanten, leicht süßlichen Geschmack. Harmoniert sehr gut mit Knoblauch, Chili, Minze und Kreuzkümmel. Um das Aroma der Koriandersamen zu verstärken, sollte man sie vor der Verwendung ohne Fett rösten und anschließend im Mörser zerstoßen. Passt sehr gut zu Geflügel und Fisch.

Muskatnuss und Macis

Beide Gewürze stammen von der Frucht des Muskatnussbaumes. Die Macis (Muskatblüte) umhüllt den Samen (Muskatnuss). Muskatnüsse haben ein leicht flüchtiges Aroma und sollten deshalb möglichst immer frisch gemahlen verwendet werden. Dafür gibt es spezielle Muskatreiben und -mühlen. Geschmacklich unterscheiden sich Macis und Muskatnuss dadurch, dass die Macis feiner und dezenter schmeckt als die geriebene Nuss.

Paprikapulver

Besteht aus gemahlenen Gewürzpaprikaschoten. Man unterscheidet je nach Aroma drei Sorten: mildes edelsüßes Paprikapulver, leicht scharfes und aromatisch scharfes bis brennend scharfes Rosenpaprikapulver. Ganz nach Geschmack kann man damit Salatdressings, Marinaden und Dips (z. B. Frischkäse) würzen und färben.

Die richtige Würze verleiht Gegrilltem, Saucen und Marinaden erst das gewisse Etwas.

Pfeffer

Pfefferkörner werden in verschiedenen Stadien vom Pfefferbaum geerntet und dann unterschiedlich behandelt. Schwarzer Pfeffer besteht aus unreif geernteten und langsam getrockneten Körnern und schmeckt kräftig aromatisch. Weißer Pfeffer wird durch Einweichen reifer Körner gewonnen und hat ein anderes Aroma als schwarzer. Grüner Pfeffer ist sehr unreif geernteter Pfeffer, der in Salzlake eingelegt wird; ist milder als schwarzer oder weißer.

Safran

Das teuerste Gewürz der Welt verleiht Speisen ein charakteristisches süßlich-zartbitteres Aroma und eine satte gelbe Farbe. Mit Safran wird aus weißem Reis gelber; Suppen und Brühen lassen sich geschmacklich und optisch damit auffrischen. Sommerliche Reissalate erhalten eine aparte Farbe.

Vanille

Das süßlich-würzige und liebliche Vanillearoma wird überwiegend zum Würzen von Süßspeisen genutzt, passt aber auch zu pikanten Geflügel- und Kalbfleischgerichten sowie in Salatdressings. Entweder frische ganze Schoten kaufen und das Mark auskratzen oder gemahlene Vanille verwenden. Ebenso werden Vanillearoma und -essenz angeboten.

Zimt

Ist die abgeschälte Rinde des Zimtbaums. Es gibt zwei Sorten: Ceylon- und Kassia-Zimt. Ceylon-Zimt hat ein feineres Aroma als Kassia-Zimt, letzterer eine leicht bittere Note. Stangen vom Ceylon-Zimt sind dünner und feiner als Kassia-Stangen. Kassia für würzige, Ceylonzimt für feinere Gerichte verwenden.

Das macht Appetit:
Suppen, Häppchen, Salate

Erfrischende und leichte Vorspeisen oder Beilagen sind an Sommertagen heiß begehrt – für zwischendurch als aufmunternder Imbiss, als Bestandteil eines sommerlichen Buffets oder eines netten Grillabends mit der Familie und Freunden oder zum Einstimmen auf ein leichtes Menü. In diesem Kapitel finden Sie zahlreiche Anregungen für kalte Suppen, knackige Salate, würzige Leckerbissen vom Grill und andere kleine sommerliche Genüsse. Garantiert ist für jeden Geschmack das Richtige dabei.

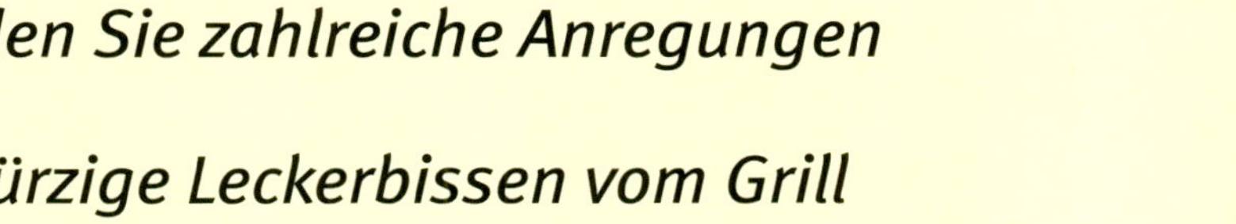

Kalte Gemüsesuppe – Erfrischende Gazpacho

Für 4 Portionen
500 g vollreife Tomaten
1/2 Salatgurke
1 rote Paprikaschote
2 Knoblauchzehen
1 kleine Zwiebel
1 Scheibe Weißbrot (etwa 30 g)
2 EL Rotweinessig
Salz
2 EL Olivenöl
500 ml Tomatensaft
1 EL Tomatenmark

Beilagen
1 rote Paprikaschote
4 Frühlingszwiebeln
1/2 Salatgurke
2 Scheiben Weißbrot
1 EL Olivenöl

Pro Portion
215 kcal, 6 g Eiweiß,
9 g Fett, 30 g Kohlenhydrate

Zubereitungszeit: 20 Minuten plus Kühlzeit: 2 Stunden

1 Die Tomaten waschen, dann in Viertel schneiden und die Kerne entfernen. Die halbe Salatgurke schälen und in Stücke schneiden. Die Paprikaschote waschen, putzen und ebenfalls in Stücke schneiden. Knoblauch und Zwiebel schälen, die Zwiebel in Achtel schneiden.

2 Alle Zutaten für die Suppe in einer großen Schüssel mischen – das Brot dabei in Stücke zupfen. Die Mischung portionsweise in den Mixer schöpfen und glatt pürieren. Die Suppe in eine große Schüssel füllen; für 2 Stunden kalt stellen.

3 Gegen Ende der Kühlzeit die Beilagen vorbereiten: Die Paprika waschen, putzen und würfeln, die Frühlingszwiebeln waschen und in dünne Ringe schneiden und die halbe Gurke klein würfeln.

4 Die Brotscheiben entrinden und in Würfel schneiden. In 1 EL heißem Olivenöl rundum goldbraun braten. Die Beilagen separat in kleine Schüsseln geben.

5 Die Suppe abschmecken, dann auf Suppenschalen oder -teller verteilen. Die Beilagen dazu reichen.

Melonensuppe mit Minze

Für 4 Portionen
1,5 kg Honigmelone
2 EL Sherry
1 EL Aceto balsamico
1 TL gehackte Minzeblätter
Garnitur
3 Scheiben Parmaschinken

Pro Portion
145 kcal, 6 g Eiweiß,
2 g Fett, 25 g Kohlenhydrate
Zubereitungszeit: 20 Minuten
plus Kühlzeit: 4 Stunden
plus Ruhezeit: 30 Minuten

1 Die Melone vierteln, schälen, entkernen und in große Stücke schneiden. Mit 100 ml kaltem Wasser, dem Sherry, dem Essig und der Minze sehr glatt pürieren.

2 Die Suppe in eine Schüssel geben, zudecken und für 4 Stunden (besser noch länger) kalt stellen. Etwa 30 Minuten vor dem Servieren aus dem Kühlschrank nehmen und Raumtemperatur annehmen lassen.

3 Den Parmaschinken in feine Streifen schneiden. Die Melonensuppe auf Teller verteilen, mit den Schinkenstreifen garnieren; servieren. Dazu passt Baguette.

Joghurt-Suppe mit Spinat

Für 4 Portionen
250 g TK-Blattspinat, aufgetaut
1 Knoblauchzehe
500 g Joghurt
Salz
schwarzer Pfeffer aus der Mühle
3 TL getrocknete Minze
Garnitur
Minzeblätter
geriebene Muskatnuss

Pro Portion
85 kcal, 8 g Eiweiß,
2 g Fett, 10 g Kohlenhydrate
Zubereitungszeit: 10 Minuten
plus Kühlzeit: nach Belieben

1 In einen Krug 300 ml kaltes Wasser und einige Eiswürfel geben; in den Kühlschrank stellen. Den Spinat ausdrücken und fein hacken; in eine zweite Schüssel geben.

2 Knoblauch abziehen und zerdrücken. Mit Joghurt, Salz, Pfeffer und getrockneter Minze unter den Spinat rühren. Ist der Spinat noch nicht fein genug zerkleinert, alles mit dem Stabmixer durchrühren.

3 Nach und nach unter ständigem Rühren das Eiswasser zur Spinatmischung geben. Die Spinatsuppe abschmecken, dann zudecken und kalt stellen.

4 Zum Servieren die kalte Suppe auf tiefe Teller verteilen; mit Minze und Muskat garnieren.

Lauchsuppe mit Kartoffel und Birnen

Für 4 Portionen
250 g Lauch
125 g Kartoffeln
2 TL Olivenöl
2 Birnen
10 – 12 Safranfäden
900 ml Gemüsebrühe
Salz
schwarzer Pfeffer aus der Mühle

Garnitur
4 EL Joghurt
1 EL Schnittlauchröllchen

Pro Portion
105 kcal, 4 g Eiweiß,
2 g Fett, 17 g Kohlenhydrate
Vorbereitungszeit: 20 Minuten
Garzeit: 25 Minuten
plus Kühlzeit: mind. 30 Minuten

1 Den Lauch in Ringe schneiden; die Kartoffeln schälen und in Würfel schneiden. Das Öl in einem Topf erhitzen. Lauch und Kartoffeln darin unter Rühren dünsten, bis die Kartoffeln etwas weich geworden sind.

2 Die Birnen schälen, in Würfel schneiden und zum Gemüse geben. Safran und Brühe ebenfalls zugeben. Aufkochen und zugedeckt 15 Minuten zugedeckt köcheln lassen, bis die Kartoffeln gar sind.

3 Die Suppe mit dem Stabmixer glatt pürieren. Mit Salz und Pfeffer abschmecken. Abkühlen lassen, dann zugedeckt für mindestens 30 Minuten kalt stellen.

4 Zum Servieren auf tiefe Teller verteilen. In jede Portion dekorativ 1 EL Joghurt rühren. Mit Schnittlauch und mit gemahlenem schwarzem Pfeffer bestreuen.

Asiatische Sommersuppe

Für 4 Portionen

- 1 Kartoffel
- 2 Zwiebeln
- 2 Stängel Zitronengras, fein geschnitten
- 1,25 l Hühner- oder Gemüsebrühe
- 50 g Sauerampfer, Rucola oder Brunnenkresse
- 50 g Spinat
- 50 g Frühlingszwiebeln
- 2 Knoblauchzehen
- 1 rote Chilischote, entkernt und fein gehackt
- 1–2 EL Zucker oder flüssiger Honig
- Salz
- 3–4 EL Zitronensaft

Pro Portion

60 kcal, 4 g Eiweiß,
1 g Fett, 10 g Kohlenhydrate

Vorbereitungszeit: 15 Minuten
Garzeit: 20 – 25 Minuten

Der praktische Tipp:

Wenn Sie keine frischen Zitronengrasstängel bekommen, können Sie stattdessen Zitronengraspaste (1/2 TL oder mehr nach Geschmack) aus dem Glas nehmen. Statt mit Salz können Sie die Suppe auch mit Sojasauce abschmecken.

1 Die Kartoffel schälen und in Würfel schneiden. Die Zwiebeln abziehen und würfeln. Kartoffeln, Zwiebeln sowie Zitronengras und Brühe in einen Topf mit schwerem Boden geben. Aufkochen, dann zugedeckt 15– 20 Minuten köcheln lassen, bis die Kartoffeln knapp gar sind.

2 Sauerampfer, Rucola oder Brunnenkresse und Spinat waschen, trockenschütteln und in feine Streifen schneiden. Die Frühlingszwiebeln in Ringe schneiden. Knoblauch abziehen und hacken. Die grünen Blätter und die Frühlingszwiebeln in die Suppe geben. Chili, Knoblauch, Zucker bzw. Honig und eine Prise Salz ebenfalls unterrühren. Aufkochen und knapp 1 Minute sprudelnd kochen lassen.

3 Die Suppe vom Herd nehmen; mit Zitronensaft und Salz abschmecken. Nach Wunsch heiß oder kalt servieren.

Asiatische Gemüsesuppe mit Tofu

Für diese leichte Suppe 100 g in Streifen geschnittenen Chinakohl in eine Schüssel geben. 100 g in dünne Scheiben geschnittene Möhren, 4 in Ringe geschnittene Frühlingszwiebeln und 8 in Scheiben geschnittene Shiitakepilze sowie 100 g in Würfel geschnittenen festen Tofu zugeben, dann alles mischen. Ein Stückchen fein gewürfelten Ingwer und 1 fein gewürfelte Knoblauchzehe in 600 ml Hühnerbrühe aufkochen, dann 3 Minuten köcheln lassen. Nochmals aufkochen; die Gemüse-Tofu-Mischung zugeben und bei schwacher Hitze 2 Minuten köcheln lassen. Die Suppe mit 1 EL Sojasauce und schwarzem Pfeffer abschmecken; sofort servieren.

Kopfsalat

Große Außenblätter nicht schneiden, sondern in mundgerechte Stücke zupfen.

Dressings: Leichte Kräutervinaigrette oder Vinaigrette aus bestem Olivenöl und Sherryessig oder Joghurt- bzw. Sauerrahmdressing.

Radicchio

Kompakte Salatköpfe in der Mitte durchschneiden. Den Strunk keilförmig herausschneiden, falls dessen bittere Note nicht erwünscht ist.

Dressings: Kräftiges Dressing mit Sahne, Blauschimmelkäse oder feinstem Senf.

Chicorée

Je stärker sich Chicorée ins Grüne verfärbt, umso bitterer wird sein Geschmack.

Dressings: Mit einem Kräuterquark-Dip serviert, dienen die länglichen Blätter als Löffel, den man mitessen kann.

Endiviensalat

Schmeckt leicht bitter. Zwei Sorten werden angeboten: Die Wintersorte hat krausere, stärker eingekerbte hellgelbe bis hellgrüne Blätter und dicke Rippen. Die Sommersorte hat große grüne, leicht wellig eingekerbte Blätter.

Dressings: Dressing aus Schalotte, Essig und Öl oder Sauerrahm.

Romanasalat

Zarte, junge Stauden werden als Salatherzen angeboten. Große Stauden sind kräftig grün und etwa 30 cm lang.

Dressings: Schafskäsedressing, French Dressing.

Feldsalat

Nur ganz frische Blättchen ohne Druckstellen verwenden.

Dressings: Leichtes Sahnedressing, Weißwein-Kürbiskernöl- oder Walnussöl-Himbeeressig-Vinaigrette.

Eissalat

Freilandsalat erkennt man an der kräftig grünen Farbe, Treibhausware an ihrem blassen Grün. Eissalat lässt sich leicht waschen und putzen.

Dressing: Beliebiges Dressing.

Eichblattsalat

Die Blätter haben eine zu den Blattspitzen hin zunehmende grünrote Färbung und schmecken herzhafter als Kopf- oder Eissalatblätter. Gut mit Pilzen und dunklem Fleisch.

Dressing: Kräftigere Vinaigretten mit Rotwein- oder Cassisessig.

Blattsalate auf einen Blick

Wie bei jedem Lebensmittel bestimmen auch bei den Salaten Herkunft und Frische entscheidend Geschmack und Gesundheitswert. Lesen Sie hier, worauf Sie bei Einkauf und Lagerung achten sollten.

Einkauf

Blattsalate bekommt man das ganze Jahr über beim Gemüsehändler und im Supermarkt. Als Faustregel gilt: Salate mit frischer und kräftiger Farbe sind vermutlich Freilandware, blassere Varianten stammen in aller Regel aus dem Treibhaus. Sind die Blätter leuchtend grün bzw. rot oder violett und knackig und bildet sich an der Schnittstelle Feuchtigkeit, wenn man sie einritzt, dann ist der Salat frisch. Gewaschene und zerkleinerte Salatmischungen aus dem Kühlregal können verkeimt sein.

Rucola

Rucola lässt sich gut mit Tomaten, Schafskäse, Oliven usw. kombinieren.

Dressings: Einfache Olivenöl-Essig-Marinade, Balsamico-Olivenöl-Vinaigrette.

Bataviasalat

Die Blätter variieren von hellgrün bis dunkelrotgrün, sind knackiger als Kopf- und zarter als Eissalatblätter. Bataviasalat eignet sich bestens für alle Arten gemischter Salate mit Tomaten und Gemüse.

Dressing: Gehaltvolle Dressings, aber auch leichte Kräuter-Vinaigretten.

Friséesalat

Das gelbe Herz ist am zartesten und sollte ein Drittel des Kopfes ausmachen.

Dressings: Sahne- oder Sauerrahmdressing mit fein geriebenem schwarzem Rettich und Schalottenwürfeln, Thousand-Island-Dressing.

Pak choi

Die dunkelgrünen Blätter haben einen eher herben Geschmack und schmecken roh besonders gut in Salaten mit Zutaten aus der asiatischen Küche.

Dressing: Kräftige Kräuter-Vinaigrette.

Lollo rossa und Lollo bionda

Die knackigen, aromatischen Salatblätter sind robuster und haltbarer als Kopfsalatblätter.

Dressing: Vinaigrette mit Olivenöl und Aceto balsamico.

Brunnenkresse

Die fleischigen runden Blätter schmecken rettichartig scharf. Meist wird Brunnenkresse mit anderen Salaten gemischt.

Dressing: Vinaigrette mit Olivenöl und Aceto balsamico.

Gartenkresse

Die kleinen Blättchen mit dezent scharfem Geschmack werden hauptsächlich milden Blattsalaten zugegeben und sorgen für angenehme Würze.

Dressing: Joghurtdressing oder eine Vinaigrette mit Haselnussöl.

Pflücksalat

Die zarten hellgrünen bis dunkelrotgrünen Blätter bilden keinen Kopf, sondern Stängel, und werden einzeln gepflückt.

Dressing: Sahnedressing mit Kräutern.

Wie viel ist eine Portion?

Je nach Sorte rechnet man für einen Beilagensalat zwischen 50 g (z. B. Feldsalat und Rucola) und 125 g (Kopf- oder Eissalat) pro Person. Als Hauptgericht die doppelte oder dreifache Menge rechnen.

Aufbewahren

Empfindliche Sorten wie Kopf-, Eichblatt- und Feldsalat halten sich 1–2 Tage, robustere Blattsalate wie Chicorée, Radicchio oder Eissalat auch länger als eine Woche im Gemüsefach des Kühlschranks, wenn man sie vorher in ein feuchtes Küchentuch gewickelt hat. Gewaschen, gut abgetropft und in einen Gefrierbeutel oder eine verschließbare Frischebox gesteckt, können die Blätter bis zum nächsten Tag im Kühlschrank lagern.

Freilandsalate zubereiten

Blattsalat aus Freilandanbau mit dem Strunk nach oben kurz in stehendes kaltes Salzwasser tauchen, um eventuell vorhandenes Ungeziefer zu entfernen. Anschließend die Blätter vom Kopf lösen und unter fließend kaltem Wasser abspülen, dann trockenschleudern. Große zarte Blätter in Stücke zupfen, robustere kräftige Blätter in Streifen schneiden.

Eisbergsalat mit Melone und Sprossen

Für 4 Portionen
1 kleiner, fester Eisbergsalat
40 g Rettichsprossen
1 Frühlingszwiebel
1 kleine Cantaloupe-Melone

Vinaigrette
2 EL Weißweinessig
3 EL Rapsöl oder Sonnenblumenöl
1 TL flüssiger Honig
1 TL körniger Senf
Salz
schwarzer Pfeffer aus der Mühle

Pro Portion
125 kcal, 2 g Eiweiß,
9 g Fett, 8 g Kohlenhydrate
Zubereitungszeit: 20 Minuten

1 Den Eisbergsalat vierteln und den Strunk herausschneiden. Die Salatviertel waschen, trockenschütteln und in mundgerechte Stücke schneiden. Die Sprossen waschen und abtropfen lassen.

2 Die Frühlingszwiebel putzen und waschen. Die grünen Abschnitte in feine Ringe schneiden. Die weißen Zwiebelteile klein würfeln. Die Melone halbieren und die Kerne entfernen. Das Fruchtfleisch mit einem Kugelausstecher aus der Schale lösen, den austretenden Saft in einer Schüssel auffangen.

3 Für die Vinaigrette Weißweinessig, Öl, Honig und Senf in einer kleinen Schüssel mit einem Schneebesen kräftig aufschlagen. Den Melonensaft und die Zwiebelwürfel zugeben und die Vinaigrette mit Salz und Pfeffer würzen.

4 Den Eisbergsalat in vier Salatschälchen oder auf einer großen Platte anrichten. Zuerst die Sprossen, dann die Melonenkugeln darauf verteilen. Das Zwiebelgrün darüberstreuen. Die Vinaigrette über die Salatportionen träufeln und den Salat sofort servieren.

Der praktische Tipp:

Im Winter, wenn saftige Zitrusfrüchte angeboten werden, können Sie die Melonenkugeln auch durch Orangenfilets oder Klementinenspalten ersetzen.

Eisbergsalat mit Melone und Mango

Den Eisbergsalat wie beschrieben vorbereiten und auf einer Platte anrichten. 1 kleine Cantaloupe-Melone halbieren, entkernen und Kugeln ausstechen. 1 reife Mango schälen und in Würfeln vom Stein schneiden. Den Saft, der beim Schneiden der Früchte herausläuft, auffangen. 3 cm frische Ingwerwurzel schälen und in sehr dünne Streifen schneiden. Melonenkugeln, Mangowürfel und Ingwerstreifen auf dem Salat anrichten. 1 Schalotte abziehen und klein würfeln. Je 3 EL Limettensaft und geschmacksneutrales Öl mit einem Schneebesen in einer Schüssel kräftig aufschlagen, die Schalottenwürfel und den aufgefangenen Saft unterrühren. Die Vinaigrette mit Salz, Pfeffer und einer Prise braunem Zucker würzen. Über den Salat träufeln.

Wildkräutersalat mit Kürbiskernen

Für 4 Portionen

12 Wachteleier
250 g gemischte Wildkräuter (Brunnenkresse, Sauerampfer, Löwenzahn, Rucola, Pimpinelle und Portulak)
8–12 schöne Kapuzinerkresseblüten
1 rote Zwiebel
30 g geschälte Kürbiskerne

Vinaigrette

3 EL Kürbiskernöl
2 EL Zitronensaft
1 EL Himbeeressig
Salz, schwarzer Pfeffer aus der Mühle

Pro Portion

245 kcal, 4 g Eiweiß,
19 g Fett, 6 g Kohlenhydrate

Zubereitungszeit: 25 Minuten

1 Die Wachteleier in einen Topf mit kaltem Wasser legen und aufkochen, dann in 4–5 Minuten hart kochen. Aus dem Wasser nehmen und kalt abschrecken. Abkühlen lassen. Die Wildkräuter waschen, Stiele und unschöne Blätter entfernen. Die Kräuter trockenschütteln und in mundgerechte Stücke zupfen oder schneiden.

2 Die Stielenden von den Kapuzinerkresseblüten abschneiden. Die Blüten, falls nötig, vorsichtig mit Küchenpapier säubern. Die Zwiebel abziehen und in dünne Streifen schneiden. Die Kürbiskerne in einer Pfanne ohne Fett rösten; sobald sie sich goldbraun färben und angenehm duften, auf einen Teller geben und abkühlen lassen.

3 Die Wildkräuter auf einer großen Servierplatte anrichten, die Zwiebelstreifen darauf verteilen. Die Wachteleier pellen und halbieren. Den Wildkräutersalat mit den Eierhälften und den Kapuzinerkresseblüten garnieren.

4 Für die Vinaigrette das Kürbiskernöl, den Zitronensaft und den Himbeeressig in einer Schüssel mit einem Schneebesen kräftig aufschlagen. Mit Salz und Pfeffer würzen.

5 Die fertige Vinaigrette vorsichtig über den Salat träufeln. Den Wildkräutersalat mit den gerösteten Kürbiskernen bestreuen und sofort servieren. Gut dazu passt gebuttertes Toastbrot oder frisches Baguette.

Wachteleier

Wachteleier haben eine ockergelbe, schwarzbraun gefleckte Schale. Sie wiegen nur etwa ein Fünftel dessen, was ein Hühnerei wiegt. Weich oder hart gekocht und auch als Mini-Spiegelei sind sie eine Delikatesse, mit der man Blattsalate und Vorspeisenplatten auf attraktive Weise dekorieren kann. Weich gekocht sind die kleinen Eier in 2 Minuten, wachsweich in 3–4 und hart gekocht in 4–5 Minuten.

Der besondere Tipp:

Kürbiskernöl ist reich an wertvollen gesundheitsfördernden Fettsäuren. Um diese und die Qualität des Öls zu schützen, sollte Kürbiskernöl stets dunkel und kühl aufbewahrt werden. Am besten öfter kleinere Mengen kaufen.

Wildkräutersalat mit Gartengemüse

Die Wildkräuter wie im Hauptrezept beschrieben vorbereiten, dann auf Salattellern anrichten. 2 Möhren putzen, waschen, schälen und raspeln. 8 Kirschtomaten waschen und halbieren. 1 kleine, feste Zucchini putzen, waschen und in dünne Stifte schneiden. Das Gemüse auf den Salatportionen anrichten. 2 EL Zitronensaft, 1 EL Weißweinessig, 3 EL Olivenöl, 1 Messerspitze Dijonsenf, eine Prise Zucker, Salz und schwarzen Pfeffer mit einem Schneebesen kräftig aufschlagen. Je 1/2 Bund Dill, Schnittlauch und Petersilie waschen, gut trockenschütteln und fein hacken bzw. in Röllchen schneiden. Die Kräuter in die Vinaigrette rühren und die Vinaigrette über die Salatportionen träufeln. Den Salat sofort servieren.

Blattsalate mit frischen Feigen

Für 4 Portionen

50 g zarte Spinatblätter
100 g Feldsalat
100 g Friséesalat
30 g Walnusskerne
4 frische, makellose Feigen

Dressing

50 g Roquefort
2 EL Crème fraîche
1 1/2 EL Weißweinessig
1 EL Walnussöl
2 EL Apfelsaft
Salz
schwarzer Pfeffer aus der Mühle
1 Prise Zucker

Pro Portion

200 kcal, 6 g Eiweiß,
15 g Fett, 10 g Kohlenhydrate

Zubereitungszeit: 25 Minuten

1 Spinat, Feldsalat und Friséesalat putzen, gründlich waschen und trockenschleudern. Die Salatblätter in mundgerechte Stücke teilen und in einer Schüssel mischen. Die Walnusskerne grob hacken.

2 Für das Dressing den Roquefort mit einer Gabel fein zerdrücken und die Crème fraîche unterrühren. Nach und nach den Essig, das Walnussöl und den Apfelsaft unterrühren, sodass eine glatte Creme entsteht. Das Dressing mit Salz, Pfeffer und Zucker würzen.

3 Die Feigen waschen und trockentupfen. Die Stielenden abschneiden und die Feigen in Achtel teilen. Das Dressing über die Salatblätter geben und untermischen.

4 Die Salatblätter in vier Schalen geben. Die Feigenachtel darauf dekorativ anrichten. Den Salat mit den gehackten Walnusskernen bestreuen und servieren. Schmeckt vorzüglich als Vorspeise oder eigenständige Mahlzeit mit ofenwarmem Baguette.

Der praktische Tipp:

Besonders aromatisch sind frische blaue Feigen, wenn sie recht weich und wirklich reif sind. In diesem Zustand kann man sie mitsamt der Schale verspeisen.

Blattsalate mit Pilzen und Käsedressing

Die Blattsalate wie im Hauptrezept beschrieben vorbereiten und in eine Schüssel geben. Für das Dressing 100 g Ziegenfrischkäse mit 50 g Joghurt, 1 EL Olivenöl, 1 EL Zitronensaft, Salz und Pfeffer zu einer glatten Creme verrühren. 200 g große Champignons oder Pfifferlinge mit Küchenpapier abreiben, anschließend putzen. Die Pilze in dünne Scheiben schneiden. 2 EL Butter in einer Pfanne erhitzen, die Pilze hineingeben und unter Wenden etwa 10 Minuten braten, bis alle Flüssigkeit verdampft ist. Mit Salz, Pfeffer und 1/2 TL Kräutern der Provence würzen. Das Dressing unter die Blattsalate mischen und den Salat auf großen Tellern anrichten. Die heißen Pilze daraufgeben und den Salat sofort servieren.

Kopfsalat mit Eier-Vinaigrette

Für 4 Portionen

2 Eier
1 großer, fester Kopfsalat
4 Tomaten
1 rote Zwiebel
je 1/2 Bund Basilikum, glatte Petersilie und Schnittlauch
2 Blätter Zitronenmelisse
2 Zweige frischer Majoran
3 EL Olivenöl
1 EL Weißweinessig
1 1/2 EL Zitronensaft
Salz
schwarzer Pfeffer aus der Mühle
1 Prise Zucker

Pro Portion

145 kcal, 5 g Eiweiß,
10 g Fett, 4 g Kohlenhydrate

Zubereitungszeit: 25 Minuten

1 Die Eier hart kochen, kalt abschrecken und abkühlen lassen. Den Kopfsalat putzen, waschen, trockenschleudern und in mundgerechte Stücke zupfen. Die Salatblätter auf vier großen Portionstellern anrichten.

2 Die Tomaten waschen und halbieren. Die Stielansätze herausschneiden und die Tomaten in Achtel teilen. Die Tomatenachtel um die Salatportionen herum hübsch anrichten.

3 Die Zwiebel abziehen und auf dem Gemüsehobel oder mit einem scharfen Messer in dünne Scheiben schneiden. Diese in Ringe teilen und auf die Salatportionen geben.

4 Für die Vinaigrette die gekochten Eier pellen und wie rechts beschrieben sehr fein würfeln. Die Kräuter waschen und trockentupfen, die Blätter fein hacken.

5 Olivenöl, Weißweinessig und Zitronensaft mit einem Schneebesen in einer Schüssel kräftig aufschlagen. Die Kräuter und die Eier untermischen.

6 Die Vinaigrette mit Salz, Pfeffer und Zucker abschmecken und auf die Salatportionen träufeln. Gut dazu passen Ofenkartoffeln mit Quark oder frisch aufgebackenes Toskanabrot.

Hart gekochte Eier fein würfeln

1 Die Eier pellen und längs auf dem Eierschneider in dünne Scheiben schneiden.

2 Die Eier im Eierschneider um 90 Grad drehen und nochmals schneiden, damit schmale Streifen entstehen.

3 Die Eierstreifen auf ein Brett geben und mit einem Messer in kleine Stücke hacken.

Kopfsalat mit Eierdressing

Den Kopfsalat und die Zwiebel wie im Hauptrezept beschrieben vorbereiten. 200 g Salatgurke waschen, in dünne Scheiben hobeln und mit den Zwiebeln auf den Salatportionen verteilen. 100 g Schlagsahne mit 1/2 TL Kräutersenf, 1 EL Estragonessig, 1 EL Sonnenblumenöl, Kräutersalz und Pfeffer mit einem Schneebesen aufschlagen. Je 1/2 Bund Petersilie und Schnittlauch abbrausen, trockenschütteln und fein zerkleinern. 2 hart gekochte Eier pellen und fein hacken. 1 TL Kapern ebenfalls fein hacken. Kräuter, Kapern und Eier unter das Dressing rühren. Über die Salatportionen gießen, den Salat sofort servieren.

Die Zwiebel – vielseitig, gesund, für jeden Geschmack

Lange Schalotte
Nicht zu scharf, doch sehr würzig schmeckt diese längliche rosa bis rötliche Zwiebelsorte. Die dünne Schale lässt sich leicht entfernen, wenn man sie längs bis zur ersten Zwiebelschicht einschneidet und dann mitsamt dieser Schicht abzieht.

Rote Zwiebel
Diese milde, saftige Sorte schmeckt besonders gut roh im Salat. Auch mit Zitrusfrüchten harmoniert die rote Zwiebel, mit Schafskäse oder mit Harzer.

Weiße Zwiebel
Süßlich und wenig scharf ist ihr Geschmack. Die weiße Zwiebel ist ein feiner Ersatz für die braune Haushaltszwiebel. Beim Einkauf sollte man darauf achten, dass die Zwiebeln fest sind und ihre Schalen nicht abblättern.

Runde Schalotte
Feinschmecker schätzen sie schon seit langem, die kleinen braunen oder rötlichen runden Schalotten. Ihr Geschmack ist besonders würzig, oft auch ausgeprägt scharf. Roh und sehr fein gewürfelt, sind Schalotten unschlagbar zu Feldsalat mit Speck, Bohnensalat oder einfach über Tomaten gestreut. Gekochtem und Gebratenem verleihen sie eine angenehm süßliche Würze. Im Ganzen lassen sich die kleinen Zwiebeln prima grillen, z. B. auf Spießen.

Küchen- oder Haushaltszwiebel

Sie gilt bei uns als die Zwiebel schlechthin und darf in keinem herzhaften Gericht fehlen. Roh schmeckt sie manchmal etwas streng und kann ziemlich scharf sein. Eignet sich wunderbar zum Grillen, Braten und Schmoren. Eine robuste Speisezwiebel für jeden Tag.

Gemüsezwiebel

Gut 500 g kann solch eine braunschalige Zwiebel wiegen. Gemüsezwiebeln sind mild, sehr saftig und eignen sich hervorragend für Zwiebelsuppe oder Zwiebelkuchen. In große Ringe geschnitten, schmecken sie roh auf Gemüsesalat oder kräftigeren Blattsalaten. Die großen Zwiebeln lassen sich auch prima füllen und im Ofen überbacken. In Scheiben geschnitten, können sie auf Alufolie gelegt und gegrillt werden.

Lauchzwiebel

Auch Frühlingszwiebel, Schalottenzwiebel oder Jungzwiebel genannt, findet man diese jung geerntete Zwiebelsorte das ganze Jahr über im Handel. Besonders die weißen Zwiebelknollen und die hellgrünen Teile finden in der Salatküche Verwendung. Lauchzwiebeln schmecken besonders mild und verleihen deshalb Salaten, meist in Ringe geschnitten, eine feine, angenehm scharfe Note.

Schon seit mehr als 5000 Jahren wird die Speisezwiebel als Gemüse und Heilpflanze geschätzt. Von Indien und Zentralasien her gelangte die braunschalige Küchenzwiebel im Mittelalter über den Mittelmeerraum in unsere Breiten. Bis auch ihre feinen Verwandten, die Schalotten und die roten Zwiebeln etwa, bei uns Einzug hielten, brauchte es noch einmal einige hundert Jahre. Heute sind Zwiebeln aus unseren Küchen nicht mehr wegzudenken. Sie verfeinern roh Salate und Dressings, geben Suppen und Eintöpfen die nötige Würze und entwickeln durch Rösten und Grillen eine karamellige Süße. Das in Zwiebeln enthaltene ätherische Öl Allizin verursacht die Tränen, die wir beim Zwiebelschneiden so häufig vergießen. Aber es gilt auch als natürliches Antibiotikum (man denke nur an die warmen Zwiebelpackungen bei Ohrenschmerzen) und macht den Verzehr roher Zwiebeln so gesund.

Asiatischer Pak-choi-Salat

Für 4 Portionen

2 kleine Pak-choi-Stauden
2 Möhren
4 Frühlingszwiebeln
200 g geräucherter Tofu
1 kleine rote Chilischote
3 EL Erdnussöl
2 EL Limettensaft
2 EL Sojasauce
1/4 TL Ingwerpulver
1/4 TL Zitronengraspulver
1 Prise brauner Zucker, Salz
40 g geröstete Erdnusskerne
1 EL fein gehacktes Koriandergrün zum Garnieren

Pro Portion

225 kcal, 13 g Eiweiß,
16 g Fett, 7 g Kohlenhydrate

Zubereitungszeit: 25 Minuten

1 Den Pak choi putzen, waschen, trockenschütteln und in 1 cm breite Streifen schneiden. Die Möhren putzen, schälen und längs je fünf schmale Rillen einschneiden. Die Möhren in dünne, blütenförmige Scheiben schneiden.

2 Die Frühlingszwiebeln putzen und waschen, die weißen Zwiebelteile fein würfeln. Die grünen Abschnitte in dünne Ringe schneiden. Die Salatstreifen, die Möhren und die Zwiebeln auf vier großen Tellern anrichten.

3 Den Tofu in 4 cm große Würfel schneiden. Die Chilischote längs halbieren und die Kernchen sorgfältig entfernen. Die Schote waschen und in kleine Würfel schneiden.

4 Für die Vinaigrette 2 EL Erdnussöl, Limettensaft, Sojasauce, Ingwerpulver, Zitronengraspulver, braunen Zucker und wenig Salz in eine Schüssel geben. Alles mit einem Schneebesen kräftig aufschlagen. Die Chiliwürfel zugeben und unterrühren, die Vinaigrette über die Salatportionen träufeln.

5 In einer beschichteten Pfanne 1 EL Erdnussöl erhitzen und die Tofuwürfel darin bei mittlerer Hitze rundum goldbraun anbraten. Die Erdnusskerne zugeben und kurz mit in der Pfanne schwenken. Beides noch heiß auf die Salatportionen geben. Den Salat mit Koriandergrün bestreuen und servieren.

Pak-choi-Salat mit Mango

Pak choi, Möhren und Frühlingszwiebeln wie im Hauptrezept beschrieben vorbereiten und auf vier Teller verteilen. 1 reife Mango schälen. Fruchtfleisch in Streifen vom Stein herunterschneiden, den austretenden Saft dabei in einer Schüssel auffangen. Mangostreifen auf dem Salat anrichten. Aus 3 EL Erdnussöl, 1 EL Zitronensaft, dem aufgefangenen Mangosaft, 1 EL Aceto balsamico, Salz und schwarzem Pfeffer eine Vinaigrette rühren und über den Salat träufeln. Salat mit Schnittlauchröllchen bestreuen und servieren.

Chicorée mit Radieschentatar

Für 4 Portionen
2 Eier
2 Chicoréestauden
8–10 große Friséesalatblätter
2 Frühlingszwiebeln
2 Bund Radieschen

Dressing
100 g Frischkäse mit Kräutern
50 g Joghurt
2 TL Kräuteressig
2 EL Rapsöl
2 EL fein gehackte Kräuter (Petersilie, Schnittlauch, Dill, Kerbel, Sauerampfer und/oder Gartenkresse)
Salz
schwarzer Pfeffer aus der Mühle

Pro Portion
180 kcal, 7 g Eiweiß,
15 g Fett, 3 g Kohlenhydrate
Zubereitungszeit: 25 Minuten

1 Die Eier hart kochen und kalt abschrecken. Abkühlen lassen. Den Chicorée putzen und waschen. Abtropfen lassen und die Blätter von den Strünken lösen. Die Friséesalatblätter waschen und trockenschleudern.

2 Die Friséesalatblätter auf vier Tellern auslegen und die Chicoréeblätter mit den offenen Seiten nach oben auf die Salatblätter betten. Die Frühlingszwiebeln putzen und waschen. Weiße Zwiebelteile in kleine Würfel schneiden, grüne Abschnitte in feine Ringe teilen.

3 Die Radieschen putzen, waschen und klein würfeln. Radieschen und Zwiebelwürfel vermischen. Den Frischkäse mit Joghurt, Essig und Öl zu einem cremigen Dressing rühren. Zwei Drittel der Kräuter unterrühren und das Dressing mit Salz und Pfeffer würzen. Die Eier pellen und in dünne Scheiben schneiden.

4 Zuerst das Radieschentatar, dann das Dressing auf den Chicoréeblättern verteilen. Die Salatportionen mit den Eierscheiben und den restlichen gehackten Kräutern garnieren und sofort servieren.

Chicorée mit Zitrusfrüchten

3 Chicoréestauden waschen, die Strünke keilförmig herausschneiden und den Chicorée in 2 cm breite Streifen schneiden. 1 rosa Grapefruit und 1 Orange schälen, dabei auch die weiße Haut mit abschneiden. Die Fruchtfilets aus den Segmenten schneiden. Den Chicorée und die Zitrusfruchtfilets auf Portionstellern anrichten. Aus 200 g Joghurt, 2 EL Rapsöl, 2 EL Zitronensaft, 2 EL Orangensaft, 1 TL mildem Senf, Salz und Pfeffer ein Dressing rühren und über die Salatportionen träufeln. Den Salat mit 30 g Alfalfasprossen bestreuen und servieren.

Lollo bionda mit gegrillter Paprika und Thunfischcreme

Für 4 Portionen
je 2 rote und gelbe Paprikaschoten
1 Lollo bionda
1 Knoblauchzehe
4 EL Olivenöl
2 EL weißer Aceto balsamico
Salz
schwarzer Pfeffer aus der Mühle
150 g Thunfisch in Lake
1 EL kleine Kapern (aus dem Glas)
1 EL Zitronensaft
100 g saure Sahne
1 EL grob gehackte Petersilie zum Garnieren

Pro Portion
330 kcal, 11 g Eiweiß,
26 g Fett, 13 g Kohlenhydrate
Zubereitungszeit: 40 Minuten
plus Backzeit: 25–30 Minuten

1 Den Backofen auf 200 °C (Umluft 180 °C, Gas Stufe 3–4) vorheizen; ein Backblech mit Alufolie belegen. Die Paprikaschoten waschen und im Ganzen auf das Backblech legen. Die Schoten im vorgeheizten Backofen 25–30 Minuten backen, bis ihre Schale braun wird und Blasen wirft. Die Paprikaschoten nach der Hälfte der Backzeit wenden.

2 Die Schoten aus dem Backofen nehmen. Ein Geschirrtuch in kaltes Wasser tauchen und tropfnass über die Paprika legen. Die Paprikaschoten 5 Minuten ruhen lassen, dann häuten, halbieren, putzen und schließlich in breite Streifen schneiden.

3 Lollo bionda putzen, waschen, trockenschleudern und in mundgerechte Stücke teilen. Knoblauchzehe abziehen, quer halbieren und eine Salatschüssel damit ausreiben; Salat hineingeben.

4 In einer kleinen Schüssel für die Vinaigrette 2 EL Olivenöl mit dem Aceto balsamico, Salz und Pfeffer aufschlagen. Den Thunfisch abtropfen lassen und mit einer Gabel fein zupfen. In einer weiten Schüssel den Thunfisch mit Kapern, 2 EL Olivenöl, Zitronensaft und saurer Sahne zu einer Creme verrühren, mit Salz und Pfeffer würzen.

5 Den Salat mit der Vinaigrette mischen, auf einer Platte anrichten und mit den Paprikastreifen belegen. Die Thunfischcreme in Klecksen auf dem Salat verteilen und alles mit Petersilie bestreuen. Sofort servieren.

Lollo bionda mit Schinkencreme

Den Salat wie im Hauptrezept beschrieben vorbereiten, mit der Vinaigrette vermischen und auf einer Platte anrichten. 4 hart gekochte Eier pellen, vierteln und auf dem Salat verteilen. 200 g heiß geräucherten Schinken ohne Fettrand in schmale Streifen schneiden. 100 g Crème fraîche mit 50 g Joghurt, 2 EL Zitronensaft, Kräutersalz und Pfeffer verrühren, die Schinkenstreifen und 1 EL fein gehackte Petersilie darunterrühren. Die Creme auf dem Salat verteilen. Den Salat sofort servieren.

Brunnenkresse mit Ziegenkäse und Knoblauch-Croûtons

Für 4 Portionen
3 Scheiben Graubrot
1 große Knoblauchzehe
30 g Butter
100 g Brunnenkresse
100 g Portulak
1 Schalotte
2 EL Cassisessig
2 EL Rapsöl
1/4 TL Dijonsenf
Salz
grob geschroteter bunter Pfeffer
4 kleine frische Ziegenfrischkäse (je 25 g)

Pro Portion
275 kcal, 7 g Eiweiß,
19 g Fett, 18 g Kohlenhydrate
Zubereitungszeit: 30 Minuten

1 Den Backofen auf 80 °C (Warmhaltestufe) vorheizen. Das Brot entrinden und in 2 cm große Würfel schneiden. Die Knoblauchzehe abziehen und längs halbieren.

2 In einer Pfanne 20 g Butter aufschäumen. Den Knoblauch darin 2 Minuten schwenken, dann herausnehmen und wegwerfen. Die Brotwürfel in der Knoblauchbutter rundum anbraten. In eine Schüssel geben, zudecken und zum Warmhalten in den Ofen stellen.

3 Brunnenkresse und Portulak waschen, abtropfen lassen und in mundgerechte Stücke teilen. Die Schalotte abziehen und klein würfeln. Den Salat und die Schalotte in einer Schüssel vermischen. Den Essig, das Öl, Senf, Salz und Pfeffer mit einem Schneebesen aufschlagen und die Vinaigrette unter den Salat mischen.

4 In der Pfanne die restliche Butter erhitzen und die Ziegenkäse darin von beiden Seiten jeweils 4 Minuten braten, bis sie zu schmelzen beginnen und eine goldbraune Kruste entwickeln. Den Salat auf einer Platte anrichten und mit den heißen Ziegenkäsen und den Croûtons garnieren. Sofort servieren.

Der besondere Tipp:

Für die Croûtons Vollkornbrot aus fein geschrotetem Mehl verwenden, so bekommt der Salat eine Extraportion Ballaststoffe.

Gegrillte Austern
mit Fenchel und Spinat

Für 4 Portionen
16 Austern, geöffnet, ohne obere Schalen
1 Schalotte
100 g Kartoffeln
100 g Fenchel
100 g Spinatblätter
30 g Butter
1 EL Zitronensaft
2 EL gehackte Petersilie
Salz
weißer Pfeffer aus der Mühle
Zitronenschnitze für die Garnitur

Pro Portion
150 kcal, 11 g Eiweiß,
7 g Fett, 9 g Kohlenhydrate
Zubereitungszeit: 30 Minuten

1 Die geöffneten Austern, falls nötig, von Schalensplittern befreien. Je 4 Austern in ihren unteren Schalen in 4 ofenfeste Portionsformen setzen oder alle Austern in eine große Form geben. Salzen und pfeffern. (Etwas zusammengeknüllte Alufolie verhindert, dass die Austern umfallen.)

2 Den Haubengrill auf mittlere Hitze vorheizen. Die Schalotte schälen und fein würfeln. Die Kartoffel ebenfalls schälen und fein würfeln. Fenchel putzen und fein würfeln. Den Spinat waschen und grob hacken. Die Butter in einer kleinen Pfanne erhitzen. Schalottenwürfel darin in etwa 2 Minuten glasig dünsten. Kartoffel- und Fenchelwürfel zugeben und alles bei schwacher Hitze weitere 10 Minuten garen, dabei gelegentlich umrühren.

3 Den Spinat unterrühren und in 1–2 Minuten zusammenfallen lassen. Zitronensaft und Petersilie zufügen und alles mit Salz und Pfeffer abschmecken. Auf jede Auster 1 EL der Gemüsemischung geben.

4 Die Austern im geschlossenen Grill 3 Minuten garen, bis die Füllung leicht gebräunt ist. Mit Zitronenschnitzen garnieren und sofort servieren.

Der besondere Tipp:
Sollten Sie nicht zu den Puristen gehören, die Austern nur roh verzehren, ist die Zubereitungsart hier mit Kartoffeln, Fenchel und Spinat sicher etwas für Sie. Pitabrot ist die ideale Beilage. Das spart Zeit: Bitten Sie den Fischhändler, die Austern zu öffnen.

Muschelspieße mit Paprika

Die abgeriebene Schale und den Saft von 1/2 unbehandelten Zitrone sowie 4 EL Sonnenblumenöl und 1 TL gehackte Dillspitzen zu einer Marinade verrühren. 12 ausgelöste Jakobsmuscheln zugeben und in der Marinade wenden; zugedeckt 1 Stunde darin ziehen lassen. 1 rote und 1 grüne Paprikaschote in etwa 2 cm große Stücke schneiden. 8 Schalotten schälen. 6 Streifen Frühstücksspeck quer halbieren und jeweils eine Muschel mit einem halben Speckstreifen umwickeln. Auf 4 Grillspieße zuerst 1 Schalotte, dann Muscheln und Paprika abwechselnd aufspießen, zum Schluss wieder 1 Schalotte. Die Spieße etwa 5 Minuten auf dem heißen Grill rösten, dabei immer wieder wenden und mit Marinade bestreichen.

Bruschetta
mit Tomaten und Sardellen

Für 4 Portionen
- 3 in Öl eingelegte Sardellenfilets
- 1 große Knoblauchzehe
- 1 TL Zitronensaft
- 4 große Scheiben italienisches Landbrot oder Ciabatta
- 600 g Tomaten
- 1 EL Olivenöl
- schwarzer Pfeffer aus der Mühle

Garnitur
- Basilikumblätter

Pro Portion
145 kcal, 5 g Eiweiß,
4 g Fett, 23 g Kohlenhydrate
Vorbereitungszeit: 5 Minuten
Grillzeit: 1–2 Minuten
oder Backzeit: 4 Minuten

1 Die Sardellen gut abtropfen lassen, überschüssiges Öl mit Küchenpapier abtupfen. Knoblauch abziehen und grob zerdrücken. Sardellen und Knoblauch mit dem Zitronensaft im Mörser zu einer Paste fein zermahlen oder mit dem Stabmixer pürieren.

2 Den Haubengrill (oder den Backofen auf 180 °C) vorheizen.

3 Die Brotscheiben jeweils auf beiden Seiten grillen oder rösten. Jede Scheibe mit einem Viertel der Sardellenpaste bestreichen.

4 Die Tomaten waschen, trockenreiben und in Scheiben schneiden. Auf der Sardellenpaste verteilen. Mit wenig Olivenöl beträufeln, etwas Pfeffer darübermahlen.

5 Die Brote 1–2 Minuten bei geschlossener Haube grillen oder im Backofen überbacken, bis die Tomaten weich werden. Mit Basilikum bestreuen und sofort servieren.

Basilikum

Es ist das Sommerkraut für mediterrane Gerichte. Sein frisches Aroma kommt am besten zur Geltung, wenn Sie die Blätter erst unmittelbar vor dem Servieren zerrupfen und das Gericht damit bestreuen. Tipp: Wenn Sie Basilikum aus dem eigenen Kräutergarten ernten, sollten Sie dies tun, sobald es kurz vor der Blüte ist – dann haben die Blätter das beste Aroma.

Sardinensnack auf Toast

Für diese Vorspeise brauchen Sie weder Grill noch Backofen, sondern nur einen Toaster. Für die Sardinenpaste 2 fein gehackte Knoblauchzehen, 1 gehackte kleine Zwiebel, 1/2 Bund fein gehackte Petersilie, 1 EL fein gehackte Kapern sowie 1/2 EL Zitronensaft und 250 g gut abgetropfte, fein zerdrückte Sardinen (aus der Dose) gründlich mischen. Mit Pfeffer abschmecken.
4 Scheiben Toastbrot rösten. Mit Salatblättern und Gurkenscheiben belegen, darauf dann die Sardinenpaste verteilen. Zum Schluss die Brote mit Gurkenscheiben und gehackter Zwiebel garnieren. Die Brotscheiben diagonal in Dreiecke schneiden; sofort servieren.

Hackbällchenspieße mit Aprikosen-Salsa

Für 4 Portionen
3 Schalotten
2 Knoblauchzehen
100 g getrocknete Aprikosen
1 EL Sonnenblumenöl
1 EL Mangochutney
100 ml Orangensaft
1 Prise Cayennepfeffer
Salz
1 EL gehacktes Koriandergrün
1 kleine rote Chilischote
300 g mageres Rinderhackfleisch
1 Eiweiß
1/2 TL Ingwerpulver
schwarzer Pfeffer aus der Mühle

Pro Portion
185 kcal, 17 g Eiweiß,
6 g Fett, 15 g Kohlenhydrate
Vorbereitungszeit: 25 Minuten
Grillzeit 12 – 15 Minuten

1 Für die Salsa 2 Schalotten und 1 Knoblauchzehe schälen und fein hacken. Aprikosen grob hacken. Das Öl in einer Pfanne erhitzen, Schalotten und Knoblauch darin glasig werden lassen. Aprikosen zugeben und kurz mit andünsten. Dann den Mangochutney und den Orangensaft unterrühren.

2 Die Salsa mit Cayennepfeffer und etwas Salz würzen, vom Herd nehmen und abkühlen lassen. Zum Schluss das gehackte Koriandergrün untermischen.

3 Für die Hackbällchen die dritte Schalotte und die zweite Knoblauchzehe schälen und hacken. Die Chilischote putzen und fein hacken. Hackfleisch, Schalotte, Knoblauchzehe, Chilischote und Eiweiß in eine Schüssel geben. Mit Ingwer, Salz und Pfeffer würzen; zu einem glatten Teig verkneten.

4 Aus dem Fleischteig 24 Bällchen formen. Jeweils 3 Stück auf einen eingeweichten Bambusspieß stecken. Den Grill anheizen und die Spießchen darauf unter gelegentlichem Wenden 12 – 15 Minuten grillen. Dazu einen Reissalat und/oder ofenfrisches Fladenbrot reichen.

Spieße vorbereiten

1 Legen Sie die Holz- oder Bambusspießchen etwa 1 Stunde vor Gebrauch in kaltes Wasser, dann können sie später beim Grillen nicht verbrennen.

2 Die Hackbällchen auf die Spießchen stecken, dabei, falls nötig, noch einmal rund nachformen.

Der praktische Tipp:

Bewahren Sie die vorbereiteten rohen Hackfleischspieße bis zum Grillen im Kühlschrank auf, und nehmen Sie sie erst heraus, wenn der Grill aufgeheizt ist. Diese Regel gilt generell für rohes Fleisch und rohen Fisch.

Hähnchenbrustspieße mit Ananas-Salsa

Anstelle der Hackbällchen können Sie auch 300 g Hähnchenbrustfilet in Stücke schneiden. Diese nach Belieben in einer Mischung aus Öl, Zitronensaft, Chili und Ingwer marinieren und dann auf die Spieße stecken. Gut dazwischen passen noch in Stücke geschnittene frische Ananas und rote Paprikaschote.
Für die Ananas-Salsa ersetzen Sie die getrockneten Aprikosen durch gehackte frische Ananasstückchen. Nach Belieben noch fein gehackten frischen Ingwer mit dem Knoblauch dünsten. Das verleiht der Salsa mehr Schärfe. Besonders lecker schmecken die Hähnchenbrustspieße, wenn Sie die Fleischstücke während des Grillens ab und zu mit etwas Ananas-Salsa bestreichen. Gut zu den Spießen passt ein fruchtiger Reissalat.

Tofu-Mango-Spießchen mit fruchtiger Salsa

Für 4 Portionen
500 g Tofu
1 große reife Mango

Marinade
1 rote Chilischoten
2 Knoblauchzehen
1 EL geriebener frischer Ingwer
1 EL flüssiger Honig
abgeriebene Schale und Saft von 1 Limette
3 EL trockener Sherry
2 EL Sojasauce

Salsa
1 große grüne, unreife Mango
3 EL Kokosmilch
Saft von 1/2 Limette
Salz

Garnitur
Zitronenschnitze
Frühlingszwiebelringe

Pro Portion
230 kcal, 16 g Eiweiß,
10 g Fett, 17 g Kohlenhydrate
Vorbereitungszeit: 15 Minuten
plus Abtropfzeit: 30 Minuten
plus Marinierzeit: 30 Minuten
Grillzeit: 6 – 8 Minuten

1 Einen Teller mit mehreren Lagen Küchenpapier belegen. Tofu daraufgeben und mit mehreren Lagen Küchenpapier bedecken. Mit einem zweiten Teller beschweren. 30 Minuten stehen lassen; die ausgetretene Flüssigkeit wegschütten. Tofu in 2,5 cm große Würfel schneiden.

2 Chili putzen und fein hacken. Knoblauch abziehen und durch die Presse drücken. Chili und Knoblauch mit den anderen Zutaten für die Marinade in einer flachen Schale verrühren. Die Tofuwürfel darin mindestens 30 Minuten marinieren, dabei mehrmals wenden.

3 Inzwischen für die Salsa die unreife Mango schälen und grob raspeln. Mit Kokosmilch und Limettensaft mischen; salzen und beiseitestellen. Die reife Mango schälen und in Würfel schneiden.

4 Den Grill vorheizen.

5 Die Tofuwürfel aus der Marinade nehmen. Abwechselnd mit den Mangowürfeln auf Spieße stecken. Die Marinade in die Salsa rühren.

6 Die Spieße 6–8 Minuten grillen, dabei ein- bis zweimal wenden. Mit der Salsa auf Tellern anrichten, mit Zitronenschnitzen und Frühlingszwiebelringen garnieren; servieren.

Der praktische Tipp:
Statt der unreifen Mango können Sie für die Salsa eine vollreife nehmen und das Fruchtfleisch in kleine Würfel schneiden.

Als Salat und vom Grill:

Allerlei Gemüse

Sonnengereifte fruchtige Gemüsesorten mit süßlicher Note schmecken einfach lecker und sind aufgrund ihres hohen Wassergehalts roh, in Form von Salaten und umhüllt z. B. von einer leichten Vinaigrette hervorragende Durstlöscher. Gegrillt lassen sie das Herz von Vegetariern höher schlagen, überzeugen aber auch eingeschworene Fleischesser mit ihrem Aroma. Nicht weniger gut in die leichte Sommerküche passt alles andere Gemüse wie kleine Möhren, zarter Kohl und frische Bohnen.

Grüne Bohnen

Grüne Bohnen mindestens 12 Minuten garen. Roh sind sie ungenießbar. Harmonieren mit Zwiebeln oder Schalotten, mit Tomaten, Paprika, Mais, dunklen Blattsalaten, Speck, Schinken oder dunklem Fleisch.

Saison: Ende Mai bis August

Tomaten

Für Salate möglichst feste, sonnengereifte Freilandware wählen, die besonders aromatisch ist. An einem kühlen, schattigen Platz aufbewahren.

Saison: Juli bis Oktober

Gurken

Auf pralle, knackige Gurken achten, sie dürfen auf Druck nicht nachgeben. Bio- und Freilandgurken können mit Schale verzehrt werden. Kleine Gärtnergurken gibt es in Sommer und Herbst.

Saison: Mai bis Oktober

Fenchel

Frische Knollen haben fest anliegende, knackige Schichten. Roh in dünne Scheiben gehobelt, in kleine Würfel geschnitten oder grob geraspelt, munden sie am besten. Gegrillt oder gedünstet schmeckt Fenchel etwas milder.

Saison: Mai bis Dezember

Stangensellerie

Je heller die Stangen sind, desto milder ist das Sellerie-aroma. Für den Rohverzehr von den äußeren Stangen die Fäden abziehen.

Saison: Juni bis Oktober

Auberginen

Erst beim Braten, Grillen, Frittieren oder Backen entfaltet sie ihr Aroma. Zum Grillen die Schnittstellen mit Öl bestreichen. Für Salate wird das gegarte Fruchtfleisch gehackt.

Saison: Juli bis November

Möhren

Als Raspel, Stifte oder Würfel roh in Salate mischen. Das enthaltene Beta-Karotin wird mit Fett (1 Tropfen Öl genügt!) vom Körper besser aufgenommen.

Saison: Ganzjährig

Champignons

In Salaten sollten sie erst kurz vor dem Servieren mit Vinaigrette oder Dressing in Berührung kommen. Zum Grillen vorher mit Öl und Zitronensaft einpinseln.

Saison: Ganzjährig

Gemüse auf einen Blick

Die Aromenvielfalt von Gemüse kommt am besten zur Geltung, wenn Knollen und Stangen, Wurzeln und Blätter roh oder bissfest gegart genossen werden. Gegrillt schmecken Fruchtgemüse und Kartoffeln gut.

Einkauf

Frisches Gemüse erkennt man, abgesehen von sortentypischen Merkmalen, an saftigen Blättern und leuchtenden, satten Farben. Runzlige, dunkle oder weiche Stellen zeugen von zu langer Lagerzeit.

Wie viel ist eine Portion?

Als grobe Faustregel gilt: 1 kg ungeputztes Gemüse ergibt etwa 4 Portionen als Beilage, z. B. als Grillgemüse. Als Bestandteil von Salaten hängt die Menge davon ab, wie hoch der Gemüseanteil sein soll. Die im

Kartoffeln & Süßkartoffeln

Für Salate festkochende Sorten (z. B. Sieglinde, Hansa, Nicola) nehmen. Süßkartoffeln immer in der Schale garen. Beim Kauf kleine bis mittlere Knollen mit glatter, frisch aussehender Schale wählen.

Saison: Ganzjährig

Artischocken

Es gibt zwei Sorten: kleine, längliche mit spitz zulaufenden, locker anliegenden Blättern und große runde mit sehr großem, fleischigem Boden. Beim Kauf auf fest geschlossene Köpfe mit prallen Blättern achten.

Saison: April bis November

Erbsen

Junge Erbsen erkennt man an den kleinen Schoten, in denen die Erbsen locker nebeneinanderliegen. Zarte Schoten und Zuckerschoten werden im Ganzen verzehrt. TK-Erbsen sind eine gute Alternative.

Saison: Juli bis August

Spitzkohl

Eignet sich hervorragend als Rohkost. Dafür den Kohlkopf in sehr feine Streifen hobeln. Spitzkohlsalat schmeckt gut mit einer Essig-Öl-Vinaigrette oder mit einem Sauerrahmdressing. Süßlich schmeckende Gemüsesorten wie Paprika und Möhren oder Obst, z. B. Äpfel, passen gut dazu.

Saison: Mai bis Dezember

Paprikaschoten

Für Salate eignen sich große, fleischige Sorten und milde bis scharfe spitze Schoten. Rote, gelbe und orangene Früchte schmecken mild und süßlich, grüne eher herb. Gegrillt schmecken die Schoten besonders aromatisch; die Haut lässt sich dann sehr leicht abziehen.

Saison: Juni bis November

Mais

Maiskörner aus der Dose oder TK-Maiskörner sind ideal für Salate. Babymaiskolben gibt es im Asiengeschäft. Beim Putzen die Hüllblätter abschneiden und die zarten Narbenfäden entfernen.

Saison: Ganzjährig; Zuckermaiskolben Juni bis November

Avocados

Wenn sie bei Druck butterweich nachgeben, sind die Früchte reif zum Verzehr. Unreife Avocados in braune Papiertüten wickeln und bei Raumtemperatur nachreifen lassen. Schnittflächen mit Zitronensaft beträufeln, damit sie nicht braun werden.
Für kalte Suppen und Salate.

Saison: Ganzjährig

Spargel

Bei frischem Spargel tritt beim Einritzen an den Enden etwas Saft aus. Die Stangen klingen, wenn man sie vorsichtig aneinanderschlägt.

Saison: April bis Juni

Rezept angegebene Gemüsemenge kann normalerweise problemlos erhöht werden, eventuell ist bei Gegrilltem etwas mehr Marinade und bei Salaten mehr Sauce nötig.

Zu Hause aufbewahren

Möhren, Kohlrabi und Petersilienwurzeln ohne Kraut, Kürbis und Kohl halten sich bei 16 °C Raumtemperatur 1–2 Wochen frisch. Paprikaschoten, Gurken, Auberginen, Zucchini, sowie Brokkoli und Rettiche sollten im Gemüsefach des Kühlschranks gelagert werden. Blattgemüse am besten in ein angefeuchtetes Tuch wickeln und 1–2 Tage im Gemüsefach des Kühlschranks aufbewahren. Ebenso bleiben auch Spargelstangen frisch. Zwiebeln und Knoblauch kühl und dunkel, aber nicht im Kühlschrank aufbewahren.

Gemüse vom Grill

Zum Grillen eignen sich gut Tomaten, Paprikaschoten, Zucchini und Auberginen. Legen Sie das rohe gewaschene, geputzte, längs halbierte oder in Scheiben geschnittene Gemüse entweder direkt auf den geölten Grillrost oder in Aluschalen bzw. auf eine Grillplatte. Nach dem Grillen mit Olivenöl und Zitronensaft beträufeln, salzen und pfeffern. Kartoffelscheiben zum Grillen vorgaren.

Grüner Paprikasalat aus Portugal

Für 4 Portionen
1 kg grüne Paprikaschoten
5 EL Olivenöl
2 EL Rotweinessig
Salz
grob geschroteter schwarzer Pfeffer

Pro Portion
180 kcal, 3 g Eiweiß,
15 g Fett, 7 g Kohlenhydrate
Zubereitungszeit: 35 Minuten plus Kühl- und Marinierzeit: 1 Stunde

1 Die Paprikaschoten waschen und trockenreiben. Die Schoten auf dem Holzkohlengrill, unter dem Elektrogrill oder im 250 °C (Umluft 230 °C, Gas Stufe 6) heißen Backofen rundum garen, bis ihre Haut schwarz wird und Blasen wirft. Dann die Paprikaschoten aus dem Ofen nehmen und unter fließend kaltem Wasser abschrecken. Die Haut abziehen.

2 Die gehäuteten Paprikaschoten halbieren und putzen. Das Fruchtfleisch in dünne Streifen schneiden und auf einer Platte auslegen.

3 Die Paprikastreifen mit Olivenöl und Rotweinessig beträufeln und zugedeckt 1 Stunde kalt stellen. Mit Salz und Pfeffer bestreuen, servieren. Dazu passt frisches Weißbrot.

Paprikaschoten häuten
1 Paprikaschoten auf ein mit Alufolie belegtes Backblech geben. Im heißen Backofen etwa 20 Minuten backen, nach 10 Minuten die Schoten wenden. Sobald sich ihre Haut schwarz verfärbt und Blasen wirft, die Schoten aus dem Ofen nehmen.

2 Ein Geschirrtuch mit kaltem Wasser gut anfeuchten. Das tropfnasse Tuch auf die Paprikaschoten legen und die Schoten 5 Minuten ruhen lassen. Die Haut der Schoten mit einem kleinen Messer abziehen.

3 Oder die Schoten aus dem Ofen sofort in einen großen Gefrierbeutel geben. Den Beutel gut verschließen und in eine Schüssel mit eiskaltem Wasser legen. 2 Minuten ruhen lassen, dann die Haut abziehen.

Bunter Paprikasalat aus Ungarn

3 rote Paprikaschoten und 2 grüne Paprikaschoten halbieren, putzen und waschen. Auf einem Gemüsehobel in dünne Streifen schneiden. 3 Gärtnergurken waschen, putzen, längs vierteln und in 2 cm breite Stücke schneiden. 1 rote Zwiebel abziehen und in dünne Ringe schneiden. Alles in einer Schüssel vermischen. In einer zweiten Schüssel für die Vinaigrette 2 EL Rotweinessig, 2 EL Olivenöl, 1/2 TL Dijonsenf, 1 TL Fenchelsamen, Salz und Pfeffer mit einem Schneebesen kräftig aufschlagen. Die Vinaigrette über den Salat gießen und untermischen. Alles zugedeckt 30 Minuten durchziehen lassen. 1/2 Kopfsalat waschen und putzen, die Blätter trockenschleudern. Die Salatblätter in Stücke zupfen und auf Serviertellern anrichten. Den Paprikasalat mit Salz, Pfeffer und, falls nötig, noch weiterem Essig abschmecken. Auf den vorbereiteten Tellern anrichten. 40 g Schafskäse fein über die Salatportionen bröckeln. Dazu passt frisches Weißbrot.

Für 4 Portionen
300 g altbackenes Toskanabrot oder Ciabatta
1 große rote Zwiebel
2 Tomaten
2 Stangen Sellerie
2 Gärtnergurken
1/2 Bund Basilikum
3 Zweige frischer Oregano
4 EL Olivenöl
Salz
schwarzer Pfeffer aus der Mühle
3 EL milder Rotweinessig

Pro Portion
310 kcal, 7 g Eiweiß,
13 g Fett, 40 g Kohlenhydrate
Zubereitungszeit: 25 Minuten
plus Kühlzeit: 1 Stunde

Gemüse-Brot-Salat aus der Toskana

Brotsalat mit Schafskäse

300 g altbackenes Toskanabrot Brot wie im Hauptrezept beschrieben einweichen, zerpflücken und in eine Schüssel geben. 200 g Schafskäse in Würfelchen schneiden. 6 getrocknete Tomatenhälften und 6 eingelegte Artischockenböden in Stücke schneiden; alles unter das Brot mischen. Aus 3 EL Olivenöl, 2 TL Zitronensaft, 1 TL Rotweinessig, Salz, Pfeffer und 1 TL gerebeltem Oregano eine Vinaigrette rühren, über den Salat gießen. 1/2 Stunde durchziehen lassen. 1 Romanasalat waschen und putzen, die Blätter auf einer Platte auslegen. Den Brotsalat darauf verteilen, sofort servieren.

1 Das Toskanabrot in große Stücke schneiden und mit wenig Wasser befeuchten. Kurz durchweichen lassen, dann ausdrücken und in kleine Stücke zerpflücken. Die Brotstücke in eine Schüssel geben.

2 Die Zwiebel abziehen und in Würfel schneiden. Tomaten waschen und halbieren, von den Stielansätzen befreien und würfeln.

3 Den Stangensellerie putzen, waschen und in schmale Streifen schneiden. Die Gurken waschen, putzen, längs vierteln und in Stücke schneiden. Das Gemüse in die Schüssel zum Brot geben und untermischen.

4 Die Kräuter trocken abreiben oder waschen und trockenschütteln. Die Blättchen von den Stängeln zupfen. Die Basilikumblätter in feine Streifen schneiden. Die Oreganoblätter fein hacken.

5 Die Kräuter mit dem Olivenöl, Salz und Pfeffer unter den Salat mischen. Alles zugedeckt etwa 1 Stunde kühl stellen. Zum Schluss den Rotweinessig unterrühren. Den Brotsalat mit Salz und Pfeffer herzhaft abschmecken und servieren.

Der praktische Tipp:
Bei der Wahl des Brots sollten Sie darauf achten, dass die Krume nicht zu große Löcher aufweist, damit sich das Brot gut in Stücke schneiden lässt.

Spargelsalat mit Zitronen-Knoblauch-Mayonnaise

Für 4 Portionen
1 kg mitteldicker weißer Spargel
1 TL Zucker
Salz
200 g milder geräucherter Schinken
1/2 Bund Petersilie oder 1 Handvoll Kerbel
1 Knoblauchzehe
1 sehr frisches Eigelb
1 EL Zitronensaft
60 ml Olivenöl
20 ml Olivenöl mit Zitronenaroma
150 g Joghurt
weißer Pfeffer aus der Mühle

Pro Portion
290 kcal, 14 g Eiweiß,
25 g Fett, 7 g Kohlenhydrate
Zubereitungszeit: 35 Minuten

1 Den Spargel waschen und von den Spitzen zu den Enden hin schälen. Die holzigen Enden abschneiden. In einem großen Topf, am besten einem Spargelkochtopf mit Einsatz, reichlich Wasser mit dem Zucker und einer guten Prise Salz aufkochen. Die Spargelstangen darin je nach Dicke in 18–25 Minuten bissfest garen. Die Stangen herausnehmen, abtropfen lassen und bis zum Servieren im Backofen warm stellen.

2 Den Schinken vom Fettrand befreien und in etwa 2 cm breite Streifen schneiden. Eine große Schale oder Servierplatte damit auslegen. Petersilie oder Kerbel waschen und trockenschütteln, die Blättchen fein hacken.

3 Die Knoblauchzehe abziehen, grob hacken und in einen Mörser geben. 1/2 TL Salz zufügen und den Knoblauch mit einem Stößel zu einer feinen Paste zerreiben.

4 Für die Mayonnaise das Eigelb in eine Schüssel geben. Den Knoblauch und 1/2 EL Zitronensaft zugeben und alles mit den Schneebesen des Handrührgeräts zu einer dicklichen Creme verrühren.

5 Erst tropfen-, dann esslöffelweise beide Ölsorten unter die Eigelbcreme rühren. Zum Schluss den Joghurt und 1/2 EL Zitronensaft zugeben und untermischen. Die Mayonnaise mit Salz und weißem Pfeffer abschmecken.

6 Die lauwarmen, abgetropften Spargelstangen auf dem Schinken anrichten und teilweise mit der Mayonnaise überziehen. Den Spargelsalat mit der gehackten Petersilie oder dem Kerbel bestreuen. Gut dazu passen frisches Weißbrot oder heiße Pellkartoffeln.

Karden mit Oliven und Knoblauch-Mayonnaise

Die Knoblauchmayonnaise wie im Hauptrezept, jedoch mit 150 ml Olivenöl statt mit einer Mischung aus Olivenöl und Olivenöl mit Zitronenaroma zubereiten. 100 g schwarze Oliven entsteinen und in Scheibchen schneiden. In einer großen Schüssel reichlich Wasser und 30 ml Essigessenz mischen. 2 kleine Stauden Karden (etwa 600 g) waschen und abtropfen lassen. Stielansätze, Blätter und stachelige Ränder abschneiden und die Stangen in etwa 20 cm lange Stücke schneiden. Die Karden sofort nach dem Putzen in das Essigwasser legen, damit sie nicht braun anlaufen. Reichlich leicht gesalzenes Wasser aufkochen und die Karden darin in 25–30 Minuten bissfest garen. Herausnehmen, abtropfen lassen und mit der Knoblauchmayonnaise und den Oliven anrichten.

Mayonnaise rühren

1 Eigelb, Knoblauchpaste und die Hälfte des Zitronensafts in einen Rührbecher geben. Mit den Schneebesen des Handrührgeräts oder mit einem großen Schneebesen etwa 1 Minute kräftig aufschlagen. Die Masse soll dabei dicklich werden.

2 Erst tropfen-, dann esslöffelweise das Öl unter die Eigelbmischung schlagen, bis diese noch dicker wird.

3 Das restliche Öl in einem dünnen Strahl zur Eigelbmischung geben und darunterschlagen. Zum Schluss den restlichen Zitronensaft unterziehen. Den Joghurt zugeben und untermischen. Die Mayonnaise abschmecken.

Salatsauce mit Kräutern

Sie passen nicht nur gut zu den unterschiedlichsten Salaten – vom zarten Blattsalat bis zum herzhaften Fleischsalat, sondern auch zu gegrilltem Gemüse, Fisch und Fleisch. Bis auf Blattsalate sollten Sie die Salate vor dem Servieren 30–60 Minuten durchziehen lassen. Die Kräutersaucen schmecken am besten, wenn sie einige Tage im Kühlschrank durchziehen können. Vor der Verwendung noch ein paar frische Kräuter untermischen.

Klassische Kräuter-Vinaigrette

Passt zu Blatt- und Gemüsesalaten sowie zu gegrilltem Gemüse und Fisch.

2–3 EL Essig (z. B. Wein-, Sherry- oder Kräuteressig) oder Zitronensaft
1/4 TL Dijon- oder Kräutersenf
Salz oder Kräutersalz
weißer Pfeffer aus der Mühle
3–4 EL Olivenöl
je 5 Petersilien- und Dillstängel
1/4 Bund Schnittlauch
je 2 Zweige Majoran und Basilikum, 1 Prise Zucker

1 Essig, Senf, Salz und Pfeffer in eine Schüssel geben. Mit einem Schneebesen so lange kräftig verrühren, bis sich das Salz aufgelöst hat.

2 Das Olivenöl dazugeben und unterrühren, bis die Vinaigrette eine leicht cremige Konsistenz angenommen hat.

3 Die Kräuter abbrausen und trockenschleudern. Blättchen fein hacken, Schnittlauch in Röllchen schneiden. Alle Kräuter unter die Vinaigrette rühren und diese mit Salz, Pfeffer und Zucker abschmecken.

Zitronen-Thymian-Vinaigrette

Passt zu Blatt- und Gemüsesalaten, zu hellen und dunklen Fleisch- und zu Fischsalaten.

1–2 EL Zitronensaft
4 EL Olivenöl
1 Messerspitze Dijonsenf
4 herausgelöste Zitronenfilets
Salz
weißer Pfeffer aus der Mühle
1 Prise Zucker
1/2 TL abgeriebene Zitronenschale
1 Thymianzweig

1 Zitronensaft, Olivenöl und Senf in eine Schüssel geben. Alles mit einem Schneebesen kräftig aufschlagen.

2 Die Zitronenfilets grob hacken und mit dem Schneebesen unter die Vinaigrette rühren. Mit Salz, Pfeffer und Zucker würzen, abschmecken und die Zitronenschale unterrühren.

3 Thymian säubern. Die Blättchen von den Stielen streifen und fein hacken. Unter die Zitronen-Vinaigrette mischen.

Himbeer-Nuss-Vinaigrette

Passt zu Blattsalaten mit bitterer Note wie Radicchio, Chicorée und Rucola.

2 EL Himbeeressig
3 EL Haselnussöl
3 EL Raps- oder Distelöl
1 TL Dijonsenf
Salz
weißer Pfeffer aus der Mühle
1 Schalotte
4 Stängel Petersilie
je 2 Zweige Estragon, Pimpernell, Dill und Basilikum

1 Himbeeressig, die beiden Öle, Senf, Salz und Peffer kräftig miteinander aufschlagen.

2 Die Schalotte abziehen und sehr fein würfeln. Die Kräuter abbrausen und die Blättchen fein hacken.

3 Schalotte und Kräuter zur Vinaigrette geben, dann kräftig untermischen.

Schnittlauch-Kefirdressing

Passt zu Kopf- und Gurkensalat, zu Fleischsalaten, die gekochtes Rindfleisch enthalten, und zu gegrilltem Geflügel.

100 g Kefir
100 g Schlagsahne
1–2 EL Zitronensaft
1/2 EL Weißweinessig
1 Messerspitze Dijonsenf
Salz
weißer Pfeffer aus der Mühle
Zucker
1 Bund Schnittlauch

1 Kefir und Schlagsahne in eine Schüssel geben und verrühren. Zitronensaft, Essig und Senf dazugeben, alles zu einer glatten Creme verrühren.

2 Das Dressing mit Salz, Pfeffer und einer Prise Zucker würzen, dann abschmecken.

3 Schnittlauch abbrausen, trockenschütteln und am besten mit einer Küchenschere in feine Röllchen schneiden. Zum Dressing geben und unterrühren.

Joghurtdressing mit Küchen- und Wildkräutern

Passt zu Blatt-, Gemüse- und Getreidesalaten, ebenso zu Salaten mit hellem oder dunklem Fleisch. Auch gut zu gegrilltem Gemüse, Fisch und Geflügel.

30 g säuerlicher Schafskäse
200 g säuerlicher Joghurt
2 EL Olivenöl
2 EL Zitronensaft
Salz
weißer Pfeffer aus der Mühle
je 2 Zweige Minze, Petersilie und Basilikum
je 1 Handvoll Sauerampfer, Kerbel, Pimpernell und Rucola

1 Den Schafskäse in eine Schüssel geben und mit einer Gabel fein zerdrücken.

2 Joghurt, Olivenöl und Zitronensaft zugeben und alles zu einer glatten Creme verarbeiten. Mit Salz und Pfeffer würzen.

3 Die Kräuter abbrausen und trockenschleudern, Stielchen entfernen und die Blättchen fein hacken oder wiegen. Alles unter das Joghurtdressing rühren, dieses mit Salz und Pfeffer abschmecken.

Fenchelrohkost mit Radicchio und Orangen

Für 4 Portionen

1 großer, fester Radicchio
2 Saftorangen
1 große oder 2 kleine Fenchelknollen mit Grün
2 kleine weiße Zwiebeln
1 EL Weißweinessig
1 EL Zitronensaft
4 EL Olivenöl
1 Zweig Rosmarin
Salz
schwarzer Pfeffer aus der Mühle
100 g schwarze Oliven

Pro Portion

235 kcal, 2 g Eiweiß,
21 g Fett, 8 g Kohlenhydrate

Zubereitungszeit: 25 Minuten

1 Den Radicchio putzen, waschen und trockenschütteln, dann in Streifen schneiden. Die Radicchiostreifen auf Portionstellern auslegen. Die Orangen schälen, dabei auch die weiße Haut mit abschneiden und den austretenden Saft auffangen. Die Orangen in 0,5 cm dicke Scheiben teilen und, falls nötig, die Kerne entfernen.

2 Den Fenchel putzen und waschen. Fenchelgrün beiseitelegen. Fenchel halbieren und auf einem Gemüsehobel in dünne Streifen schneiden. Die Zwiebeln schälen und in dünne Ringe schneiden.

3 Orangensaft, Essig, Zitronensaft und Olivenöl in eine Schüssel geben und mit dem Schneebesen kräftig aufschlagen. Den Rosmarin waschen und trockentupfen, die Nadeln fein hacken. Unter die Vinaigrette mischen und diese mit Salz und Pfeffer würzen.

4 Zuerst die Fenchelstreifen, dann die Orangenscheiben auf dem Radicchio anrichten, die Zwiebelringe darüberstreuen. Vinaigrette über die Salatportionen träufeln, die Oliven darauf verteilen. Das Fenchelgrün fein hacken und darüberstreuen. Gut dazu passt frisch aufgebackenes Ciabattabrot.

Der praktische Tipp:

Hübsch lässt sich der Salat auch anrichten, wenn man die Fenchelknollen längs in dünne Scheiben hobelt. Dafür den Strunk ganz dünn abschneiden, damit die einzelnen Schichten beim Hobeln nicht auseinanderfallen.

Bauernsalat
aus Griechenland

Für 4 Portionen
400 g Tomaten
3 kleine Gärtnergurken
2 große rote Zwiebeln
2 grüne Paprikaschoten
100 g schwarze Oliven
100 g eingelegte milde oder scharfe Peperoni
4 EL Olivenöl
2 EL Rotweinessig
Salz
schwarzer Pfeffer aus der Mühle
300 g Feta (griechischer Schafskäse)
1 TL getrockneter Oregano

Pro Portion
360 kcal, 16 g Eiweiß,
29 g Fett, 8 g Kohlenhydrate
Zubereitungszeit: 20 Minuten

1 Die Tomaten waschen, halbieren, von den Stielansätzen befreien und achteln. Die Gurken waschen und die Enden kürzen. Die Gurken in dicke Scheiben schneiden.

2 Die Zwiebeln abziehen, halbieren und in nicht zu dünne Scheiben schneiden. Die Paprikaschoten halbieren, putzen, waschen und in Streifen schneiden.

3 Das Gemüse auf Portionsteller verteilen. Die Oliven und die eingelegten Peperoni auf dem Gemüse anrichten. 3 EL Olivenöl, Rotweinessig, Salz und Pfeffer in einer Schüssel mit einem Schneebesen verschlagen, bis sich das Salz aufgelöst hat. Die Vinaigrette über die Salatportionen träufeln.

4 Den Feta in 4 dicke Scheiben schneiden oder grob zerbröckeln und auf die Salatportionen geben. Mit Oregano bestreuen und mit 1 EL Olivenöl beträufeln. Dazu passt frisch aufgebackenes Fladen- oder Weißbrot.

Der praktische Tipp:

Wer keine kleinen Gärtnergurken bekommt, kann eine Salatgurke nehmen. Diese jedoch längs halbieren und die Kernchen mit einem Teelöffel herauskratzen. Die Gurkenhälften nochmal längs halbieren und die Viertel dann in dickere Scheiben schneiden.

Kartoffelsalat mit Rucola und Kapernbeeren

Für 4 Portionen

800 g festkochende Kartoffeln
150 g Rucola
2 rote Zwiebeln
200 g Cocktailtomaten
je 50 g grüne und schwarze Oliven
2–3 EL Sherryessig
50 g Kapernbeeren (in Lake)
1 TL Dijonsenf
4 EL Olivenöl
Salz
schwarzer Pfeffer aus der Mühle

Pro Portion

375 kcal, 6 g Eiweiß,
21 g Fett, 37 g Kohlenhydrate

Zubereitungszeit: 40 Minuten plus Garzeit: 20–25 Minuten

1 Die Kartoffeln waschen und in einen Topf geben. Mit reichlich Wasser bedecken, aufkochen und in 20–25 Minuten garen. Kartoffeln abgießen und kalt abschrecken, abkühlen lassen. Die kalten Kartoffeln pellen und in Würfel schneiden.

2 Den Rucola waschen, trockenschütteln, die Stiele entfernen. Die Rucolablätter in Streifen schneiden. Die Zwiebeln abziehen und in Ringe schneiden. Die Tomaten waschen und halbieren, die Oliven entsteinen. Alle Zutaten in eine große Schüssel geben.

3 Für die Vinaigrette Sherryessig, 1–2 EL Kapernbeeren-Lake, Senf und Öl sowie wenig Salz und Pfeffer in eine kleine Schüssel geben. Mit einem Schneebesen kräftig aufschlagen, bis die Vinaigrette leicht andickt. Die Vinaigrette zum Salat geben und unterheben.

4 Den Kartoffelsalat zudecken und etwa 30 Minuten an einem kühlen Ort durchziehen lassen. Dann mit Salz, Pfeffer und Sherryessig abschmecken. Die Kapernbeeren halbieren und den Salat damit garnieren. Zu gegrilltem Fleisch oder Fisch servieren.

Der praktische Tipp:
Sollte der Kartoffelsalat beim Durchziehen zu trocken werden, noch etwa 50 ml heiße Gemüsebrühe oder heißen Kalbsfond untermischen. Den Salat nochmal kurz durchziehen lassen.

Kapernbeeren

Kapernbeeren, auch Kapernäpfel genannt, sind die Früchte des Kapernstrauchs. Sie sind 2–3 cm lang und werden mitsamt Stielchen in Salzlake eingelegt. Man bekommt sie im italienischen Feinkostgeschäft und im gut sortierten Supermarkt. Die Früchte genießt man im Ganzen, ähnlich wie Oliven, als Antipasti oder zum Cocktail. Halbiert lassen sich mit ihnen kalte Speisen garnieren. Die würzige Lake kann man zum Anrühren von Vinaigrettes verwenden, die dadurch eine pikante Note erhalten.

Leichter Kartoffelsalat mit Portulak

800 g Kartoffeln wie im Hauptrezept beschrieben garen und pellen, jedoch in Scheiben schneiden. 3 Frühlingszwiebeln putzen, waschen und in Ringe schneiden. 150 g Portulak putzen, waschen, abtropfen lassen und in mundgerechte Stücke teilen. Die Kartoffeln und die Frühlingszwiebeln in eine Schüssel geben, miteinander vermischen. Mit einem Dressing aus 150 g Joghurt, 100 g saurer Sahne, 1 EL Weißweinessig, 1 EL Zitronensaft sowie 2 EL Olivenöl mit Zitronenaroma, Salz und Pfeffer anmachen. Den Portulak unterheben. Den Kartoffelsalat abschmecken und möglichst bald servieren.

Salat aus gegrillten Tomaten

Für 4 Portionen
4 dicke Scheiben Baguette
5 EL Olivenöl
10 Eiertomaten
2 Knoblauchzehen
150 g Rucola
1 EL Aceto balsamico
1 EL Zitronensaft
Salz
schwarzer Pfeffer aus der Mühle
100 g entsteinte grüne Oliven

Pro Portion
325 kcal, 4 g Eiweiß,
24 g Fett, 21 g Kohlenhydrate
Zubereitungszeit: 30 Minuten

1 Die Brotscheiben in Würfel schneiden. In einer Pfanne 3 EL Olivenöl erhitzen und die Brotstücke darin rundum kross anbraten. Auf einen Teller geben und bis zum Servieren beiseitestellen.

2 Den Grill vorheizen.

3 Die Tomaten waschen und halbieren. Stielansätze herausschneiden. Den Knoblauch abziehen und in Scheiben schneiden. Je 2 Knoblauchscheiben in die Schnittflächen der Tomatenhälften stecken.

4 Die Tomaten mit den Schnittflächen nach unten in eine Aluschale oder auf ein Grillblech setzen, auf den Grillrost legen und die Tomaten 3–4 Minuten grillen. Die Früchte wenden und in weiteren 3 Minuten fertig grillen.

5 Inzwischen den Rucola waschen und trockenschütteln. Die Stiele entfernen, die Blätter in mundgerechte Stücke teilen und auf Tellern auslegen. Für die Vinaigrette Aceto balsamico, Zitronensaft, Salz, Pfeffer und 2 EL Öl aufschlagen.

6 Die gegrillten Tomaten auf die Rucolablätter setzen und mit der Vinaigrette beträufeln. Die Oliven dazwischen verteilen und die Brotwürfel darüberstreuen. Den lauwarmen Salat sofort servieren.

Roher Tomatensalat mit Ricotta

600 g aromatische Tomaten waschen und halbieren. Die Stielansätze entfernen und die Tomaten in große Stücke schneiden. 1 rote Zwiebel abziehen und in dünne Ringe schneiden. Die Tomaten mit den Zwiebelringen in einer großen Schüssel vermischen. Aus 4 EL Olivenöl, 2 EL Aceto balsamico oder Rotweinessig, Salz, grob geschrotetem schwarzem Pfeffer und 1 TL getrockneten Kräutern der Provence eine Vinaigrette rühren. Diese unter den Tomatensalat mischen. 200 g schnittfesten Ricotta in beliebig große Würfel schneiden und über den Salat streuen. Den Salat mit Basilikumblättern garnieren und servieren. Gut dazu passt frisches italienisches Weißbrot.

Fenchelknolle putzen und zerkleinern
1 Zuerst Stängel mit Grün abschneiden.

2 Anschließend die Knolle mit einem Sparschäler dünn schälen.

3 Die Knolle längs in Scheiben schneiden, die Scheiben auseinanderfallen lassen.

Sommergemüse vom Grill

Für 4 Portionen

2 kleine Fenchelknollen (je 250 g)
1 Aubergine (etwa 450 g)
4 Eiertomaten
3 große Paprikaschoten (vorzugsweise je 1 grüne, rote und gelbe)
4 rote Zwiebeln
4 EL Olivenöl
Salz
schwarzer Pfeffer aus der Mühle
2 EL Orangensaft
8 Basilikumblätter, in sehr feine Streifen geschnitten
1 Knoblauchzehe, abgezogen und zerdrückt
1 TL abgeriebene Orangenschale

Pro Portion

175 kcal, 6,3 g Eiweiß,
11 g Fett, 12 g Kohlenhydrate
Vorbereitungszeit: 15 Minuten
Grillzeit: 8 Minuten

1 Den Grill vorheizen.

2 Die Fenchelknollen, wie unten links beschrieben, putzen: Die Stängel mit Grün abschneiden, einen davon beiseitelegen. Dann die Knollen schälen und in 1,5 cm dicke Scheiben schneiden.

3 Die Aubergine längs in 1,5 cm dicke Scheiben schneiden. Die Tomaten längs halbieren. Paprikaschoten putzen und in 1,5 cm breite Streifen schneiden. Zwiebeln abziehen und in Achtel schneiden. Alles Gemüse dünn mit Olivenöl bepinseln; salzen und pfeffern.

4 Das Gemüse auf jeder Seite etwa 4 Minuten grillen, bis es gar ist und gleichmäßig Farbe angenommen hat, dabei einmal wenden. Auf eine Servierplatte legen und mit Orangensaft beträufeln.

5 Das beiseitegelegte Fenchelgrün fein hacken. In einer Schüssel mit Basilikum, Knoblauch und Orangenschale mischen. Das Gemüse warm oder mit Raumtemperatur servieren, die Basilikummischung zum Bestreuen dazu servieren.

Der praktische Tipp:

Bestreichen Sie das Gemüse während des Grillens ab und zu mit einem in Olivenöl getauchten Rosmarinzweig – das verbessert den Geschmack.

Spargel, Schalotten und Knoblauch vom Grill

Für 4 Portionen
500 g grüner Spargel
2 EL Olivenöl
6 große Knoblauchzehen
4 Schalotten
Salz
schwarzer Pfeffer aus der Mühle
2 EL Aceto balsamico
1 EL gehackte gemischte Kräuter (Thymian, Salbei und Rosmarin) oder nur gehackter Thymian

Pro Portion
80 kcal, 3 g Eiweiß, 5 g Fett, 5 g Kohlenhydrate
Vorbereitungszeit: 10 Minuten
Grillzeit: 15–20 Minuten
plus Marinierzeit (nach Belieben): 2–3 Stunden

1 Die Spargelstangen waschen, von den Enden befreien und jeweils nur das untere Drittel schälen.

2 Den Grill vorheizen.

3 Den Spargel mit 1 EL Öl in eine große Schüssel geben, das Öl mit den Händen auf den Stangen verteilen. Den Spargel in eine Aluschale oder auf die Bratplatte geben und auf dem Grill je nach Dicke der Stangen 15–20 Minuten grillen, bis der Spargel weich und leicht gebräunt ist.

4 Inzwischen Knoblauch und Schalotten abziehen und längs vierteln. Mit dem restlichen EL Olivenöl beträufeln und in einer Aluschale oder auf der Bratplatte unter gelegentlichem Wenden etwa 5 Minuten auf dem Grill garen, bis die Stücke goldbraun und weich sind.

5 Spargel, Knoblauch und Schalotten auf eine Servierplatte geben. Mit Salz und Pfeffer würzen, dann mit dem Essig beträufeln und mit den Kräutern bestreuen. Sofort servieren oder vor dem Servieren noch 2–3 Stunden abkühlen und durchziehen lassen.

Zucchini mit Parmesan

Probieren Sie auch einmal die folgende köstliche Gemüsebeilage vom Grill: Junge Zucchini der Länge nach in dünne Scheiben schneiden. Die Scheiben großzügig in Olivenöl wenden und in einer Aluschale oder auf der Bratplatte grillen, bis das Gemüse weich und gebräunt ist. Zwischendurch einmal wenden. Die heißen Zucchini mit weißem Pfeffer aus der Mühle und reichlich frisch geriebenem Parmesan bestreuen. Sofort servieren.

Auberginen mit Tomaten-Joghurt-Sauce

Für 4 Portionen
600 g Auberginen
2 EL Olivenöl
2 TL Kreuzkümmelsamen
100 g Pizzatomaten (Dose)
100 g Joghurt
Salz
schwarzer Pfeffer aus der Mühle
Garnitur
Koriandergrün

Pro Portion
90 kcal, 3 g Eiweiß,
6 g Fett, 6 g Kohlenhydrate
Vorbereitungszeit: 15 Minuten
Grillzeit: 6 – 8 Minuten
plus Abkühlzeit

1 Den Grill vorheizen.

2 Die Auberginen von den Enden befreien und quer in 12 dicke Scheiben schneiden. Die Scheiben auf beiden Seiten dünn mit Öl bestreichen und auf jeder Seite 3 – 4 Minuten grillen, bis sie weich sind.

3 Die Auberginenscheiben auf einen Teller geben und zum Abkühlen beiseitelegen – sie schmecken zimmerwarm am besten.

4 Inzwischen eine kleine beschichtete Pfanne bei starker Hitze heiß werden lassen. Die Kreuzkümmelsamen hineingeben und ohne Fett rösten, bis sie Farbe annehmen und zu duften beginnen. Sofort auf einen Teller schütten; nach dem Abkühlen im Mörser fein zerstoßen.

5 Die Tomatenstücke in einen Topf geben und bei mittlerer Hitze unter gelegentlichem Rühren in 3 – 4 Minuten etwas einkochen lassen. Zum Abkühlen beiseitestellen.

6 Sobald die Tomaten abgekühlt sind, Kreuzkümmel, Salz, Pfeffer und Joghurt zugeben und unterrühren. Falls die Zeit es erlaubt, die Sauce vor dem Servieren noch kurz in den Kühlschrank stellen.

7 Jeweils 3 Auberginenscheiben mit Sauce auf einem Teller anrichten. Mit Koriandergrün garnieren und servieren.

Tomatensauce mit Zucchini

Die Tomaten-Joghurt-Sauce ist eine erfrischende Sauce, die wunderbar zu gegrilltem Gemüse, aber auch zu gegrilltem Fleisch oder Fisch passt. Sehr gut schmeckt ebenso die folgende gemischte Gemüsesauce: Dafür je 1 kleine gehackte Zwiebel und Knoblauchzehe in 2 EL Olivenöl glasig dünsten. 1 in Würfel geschnittene kleine Zucchini zufügen und kurz mitdünsten. Tomatenstücke aus der Dose zugeben. Alles so lange köcheln lassen, bis die Zucchiniwürfel weich sind. Falls nötig, Tomatenflüssigkeit zugeben. Mit gehackter Minze, Aceto balsamico, Salz, Pfeffer und einer guten Prise Zucker würzen. Abkühlen lassen; in den Kühlschrank stellen. Vor dem Servieren mit Aceto balsamico und bestem Olivenöl abschmecken.

Champignon-Spieße
mit Zitrusfruchtsalat

Für 4 Portionen
- 1–2 EL natives Olivenöl extra
- abgeriebene Schale von 1/2 Orange
- 4 Scheiben durchwachsener Speck
- 12 kleine Champignons (etwa 125 g)
- 2 Limetten
- 6 Mini-Patissons oder 3 kleine Zucchini
- 12 Cocktailtomaten
- 20 kleine neue Kartoffeln (500 g), gegart
- 12 Scheiben Ciabatta oder Baguette

Zitrusfruchtsalat
- 1 rosa Grapefruit
- 1 Bund Brunnenkresse
- 1 Chicoréestaude
- 4 Dörrpflaumen ohne Stein oder 4 getrocknete Aprikosen
- 2 EL gehackte Minzeblättchen

Pro Portion
580 kcal, 24 g Eiweiß, 13 g Fett, 98 g Kohlenhydrate
Vorbereitungszeit: 15 Minuten
Grillzeit: 7 – 10 Minuten

1 Olivenöl und Orangenschale in eine kleine Schüssel geben. Beiseitestellen und durchziehen lassen.

2 Für den Salat die Grapefruit so dick schälen, dass die weiße Haut mit entfernt wird. Die Filets aus den Trennhäuten schneiden und in die Schüssel geben. Dabei die Frucht über eine große Schüssel halten, damit der austretende Saft hineintropfen kann. Die Grapefruitmembranen über der Schüssel gut ausdrücken, dann wegwerfen.

3 Die Brunnenkresse waschen und putzen. Den Chicorée quer in Scheiben schneiden, die Pflaumen oder Aprikosen ebenfalls in Scheiben schneiden. Kresse, Chicorée, Trockenobst und Minze zu den Filets und dem Saft geben; alles gut vermischen. Beiseitestellen.

4 Jede Speckscheibe in 3 Stücke schneiden: Das dünne Ende jeweils abschneiden, das verbleibende dicke Ende längs halbieren. Jeweils einen Champignon in ein Stück Speck wickeln.

5 Die Limetten in Viertel schneiden. Die Patissons halbieren oder die Zucchini in Viertel schneiden. Mit den Pilzen im Speckmantel, den Tomaten, den Patisson- oder Zucchinistücken sowie den Kartoffeln auf 8 Metallspieße stecken, dabei die Zutaten gleichmäßig darauf verteilen.

6 Den Grill vorheizen.

7 Die Spieße dünn mit einem Teil des Orangen-Öles bestreichen und auf dem Grill 7 – 10 Minuten garen, dabei ein- bis zweimal wenden. Der Speck soll goldbraun und knusprig sein.

8 Die Brotscheiben auf den Grill legen und auf einer Seite rösten. Die ungerösteten Seiten mit dem restlichen Orangen-Öl bestreichen, dann ebenfalls hellbraun rösten.

9 Pro Portion 3 Brotscheiben auf einen vorgewärmten Teller legen, jeweils 2 Spieße daraufgeben und den Zitrusfruchtsalat dazu anrichten. Sofort servieren.

Tofu-Spieße mit Zitrusfruchtsalat

Lassen Sie den Speck für eine fleischlose Version einfach weg und verwenden Sie statt der Speck-Pilze Tofuwürfel. Die Cocktailtomaten ersetzen Sie durch eine in nicht zu kleine Stücke geschnittene rote Paprikaschote. Zum Bestreichen der Spieße eine Marinade rühren. Dafür den Saft von einer Limette mit 1 TL Honig, 1 EL heller Sojasauce, einer Prise Cayennepfeffer und etwas Knoblauchsalz verrühren. Die Tofu-Paprika-Spieße mit der Würzsauce bestreichen. Mit aufgebackenen kleinen Pitabroten und dem Grapefruitsalat servieren.

Bunte Gemüsespieße mit Muscheln

Für 16 Spieße

1 Knoblauchzehe
abgeriebene Schale und Saft von 1 unbehandelten Zitrone
Saft von 1 Limette
1 EL Olivenöl
2 TL flüssiger Honig
1 EL gehackter Oregano oder Majoran
1 EL gehackte Petersilie
Salz
schwarzer Pfeffer aus der Mühle
200 g Seeteufelfilet
16 ausgelöste Miesmuscheln
1 kleine gelbe Paprikaschote
1 Zucchini
16 Cocktailtomaten
Limetten- oder Zitronenschnitze zum Anrichten

Pro Spieß

30 kcal, 3 g Eiweiß, 1 g Fett, 2 g Kohlenhydrate

Vorbereitungszeit: 20 Minuten plus Marinierzeit: 1 Stunde
Grillzeit: 8–10 Minuten

1 Knoblauch abziehen und zerdrücken. Zitronenschale, Zitronen- und Limettensaft, Olivenöl, Honig, Knoblauch, Oregano bzw. Majoran, Petersilie sowie Salz und Pfeffer in einer flachen Schale mit einem Schneebesen kräftig verrühren.

2 Den Fisch in 16 gleich große Würfel schneiden. Mit dem Muschelfleisch in die Marinade geben und mit dieser überziehen. Zudecken; für 1 Stunde kalt stellen.

3 Den Grill vorheizen. 16 Holzspieße für 10 Minuten in warmes Wasser legen. Paprika und Zucchini waschen, putzen und in 16 Stücke bzw. Scheiben schneiden.

4 Auf jeden Spieß 1 Fischwürfel, 1 Muschel (die Marinade aufbewahren), 1 Stück Paprika, 1 Zucchinischeibe und 1 Cocktailtomate spießen, dabei jeweils ein Ende zum Anfassen frei lassen.

5 Die Gemüsespieße 8–10 Minuten grillen, bis der Fisch ganz und das Gemüse knapp gar ist, dabei häufig wenden und mit Marinade bestreichen. Heiß mit Limetten- oder Zitronenschnitzen servieren.

Filatakäse im Lorbeerblatt

Dafür 20 kleine Holzspieße sowie 20 frische Lorbeerblätter in Wasser legen. 300 g festen Filatakäse (Kefalotiri, Kasseri oder Halloumi) in 20 Würfel schneiden. In eine Schüssel geben, großzügig mit Olivenöl beträufeln und mit Pfeffer bestreuen. (Mozzarella ist ebenfalls ein Filatakäse, für diese Spieße ist er jedoch zu weich). Lorbeerblätter aus dem Wasser nehmen. Jeweils einen Käsewürfel in ein Blatt wickeln. Mit einem Spieß zusammenstecken. In Olivenöl wenden; auf dem Grill (Grillplatte) 5 Minuten auf jeder Seite grillen.

Heiß begehrt:

Fleisch und Geflügel

Ob mariniert und gegrillt oder für einen Salat rasch in der Pfanne gebraten bzw. sanft in aromatischer Brühe pochiert – gleich, wie Sie sie zubereiten: Fleisch und Geflügel passen als herzhafter Bestandteil in eine leichte Sommerküche. Verwöhnen Sie sich und Ihre Gäste doch einmal mit gegrillten Hähnchenbrustspießen auf Asia-Salat, oder servieren Sie ein saftiges Steak frisch vom Grill mit einer schnell gerührten Grillsauce. Auf Begeisterung treffen garantiert auch selbst gemachte Hamburger.

Rindfleisch

Grundsätzlich muss Rindfleisch gut abgehangen und schön zart sein. Für Salate mit gekochtem Fleisch eignen sich beispielsweise Bürgermeisterstück oder Tafelspitz (im Bild hinten). Zum Kurzbraten eignen sich Filet (im Bild vorn), Entrecôte oder Roastbeef. Rindfleisch zum Grillen sollte von Fett durchzogen sein, sehr mageres Fleisch sollte man marinieren.

Kalbfleisch

Man unterscheidet zwischen weißem, rosa und rotem Kalbfleisch, rosafarbenes Kalbfleisch wird von Genießern am meisten geschätzt. Zum Pochieren oder Dünsten bietet sich Kalbsbrust (im Bild hinten), zum Kurzbraten Kalbsschnitzel (im Bild vorn) an. Kalbfleisch zum Grillen sollte dünn von Fett durchzogen (marmoriert) und etwas dicker geschnitten sein, magere Stücke wie Kalbsfilet oder -schnitzel profitieren von einer Marinade.

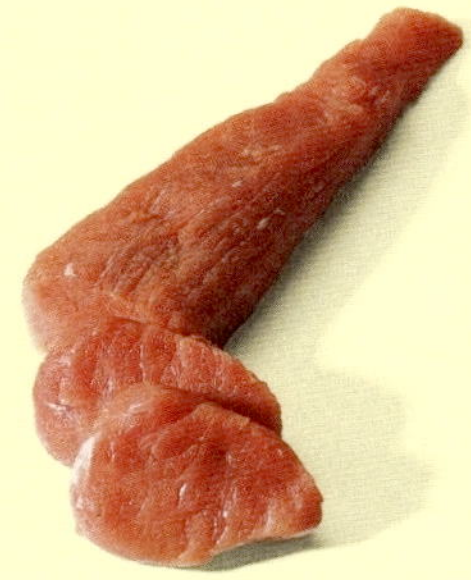

Schweinefleisch

Zartrosa bis rosarot, feinfaserig und möglichst marmoriert – so soll Schweinefleisch sein. Für Salate wird meist das zarte und saftige Schweinefilet verwendet – nur so lange braten oder grillen, dass es innen noch rosig ist. Auch in Streifen geschnitten, mit Gewürzen und Kräutern mariniert, lässt sich Schweinefilet kurz braten oder grillen. Zum Grillen bestens geeignet ist Fleisch aus dem Schweinenacken.

Lammfleisch

Marinierte Lammfilets (im Bild hinten) lassen sich prima grillen. Ebenfalls köstlich schmecken marinierte, einzeln geschnittene Lammkoteletts (Chops, im Bild vorn) vom Grill oder in der Pfanne gebraten. Lammkoteletts sollten Sie mit Fettrand garen, damit sie schön saftig bleiben. Bei Tisch kann jeder das Fett nach Belieben entfernen.

Fleisch und Geflügel auf einen Blick

Salate mit magerem Fleisch und Geflügel sind leicht und pikant, liefern wertvolles Eiweiß und sind echte Sattmacher. Als Basis eignet sich Gegartes vom Vortag, abgekühltes Bratenfleisch oder gekochtes Fleisch (Rindfleisch oder Huhn). Zum Grillen sollten Sie marmorierte Fleischstücke nehmen. Mageres Fleisch wird beim Grillen leicht trokken, davor schützt eine ölhaltige Marinade.

Einkauf

Wer auf Qualität Wert legt, sollte Fleisch beim Metzger seines Vertrauens kaufen. Der Fachmann berät, welches Fleischstück am besten für die entsprechende Zubereitungsart geeignet ist, und weiß, wie das jeweilige Fleischstück je nach Maserung und Verlauf der Muskelfasern geschnitten werden muss. Geflügel kaufen Sie am besten beim Wild- und Geflügelhändler. Ganze frische Hähnchen oder Hähnchenteile und anderes Geflügel bekommt man auch an der Fleischtheke des gut sortierten Supermarkts. Tiefgefrorenes Geflügel stets im Kühlschrank auftauen lassen. Achten Sie dabei darauf, dass der abtropfende Fleischsaft auf keinen Fall mit anderen Lebensmitteln in Berührung kommt (es besteht Salmonellengefahr!).

Fleisch und Geflügel grillen

Wichtig ist, Fleisch und Geflügelteile auf dem Grillrost nicht zu häufig zu wenden. Nur dann entstehen die vom heißen Rost verursachten dekorativen braunen Streifen. Sie können Fleisch und Geflügel direkt (also genau über der Glut) grillen, besser aber, besonders bei fetterem Fleisch und fettreichen Würstchen, ist das indirekte Grillen (dafür wird die Holzkohle zur Seite geschoben, die Hitze strahlt von der Seite auf das Grillgut). Dabei kann kein Fett auf die Kohle tropfen, was gesundheitsschädliche Stoffe freisetzen kann.

Putenfleisch

Putenschnitzel sind besonders mager und eignen sich hervorragend zum Grillen, Schnetzeln und Kurzbraten. Das Fleisch ist mild und verträgt eine Marinade, die herzhaft mit Knoblauch, Kräutern, Cayennepfeffer, Zitronensaft und/oder Paprikapulver gewürzt ist.

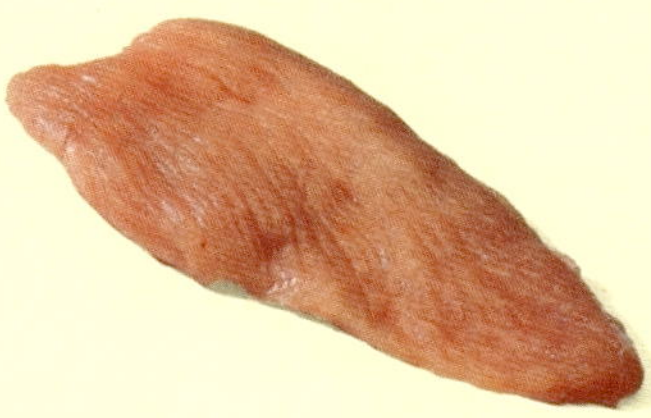

Hähnchenfleisch

Pochierte oder über aromatischem Dampf gegarte Hähnchenbrust bzw. in Brühe gekochtes, von Haut und Fett befreites Hähnchenfleisch eignet sich gut für kalte Geflügelsalate. Auf Blattsalaten angerichtet werden dagegen kurzgebratene, in Streifen geschnittene Hähnchenbrustfilets oder Hähnchenlebern. Zum Grillen sollte Hähnchenfleisch mariniert werden.

Entenfleisch

Rosig gebratenes Entenbrustfilet, in dünne Scheiben geschnitten und noch warm auf kräftigen Blattsalaten angerichtet, ergibt einen edlen Vorspeisensalat. Entenbrustfilets erst mit der Hautseite nach unten in einer heißen Pfanne anbraten, dann wenden und fertig braten. Entenbrust lässt sich auch gut grillen. Dafür die Haut rautenförmig einschneiden, damit das Fett abtropfen kann.

Kaninchenfleisch

Für Salate werden meist die dünnen zarten Filets verwendet. In Rotwein mit Gewürzen mariniert und kurzgebraten, schmecken sie auf dunklen Blattsalaten mit einer Vinaigrette aus edlem Walnussöl und Rotweinessig am besten. Zum Grillen eignen sich am besten Kaninchenkeulen.

Wie viel ist eine Portion?

Üblicherweise rechnet man pro Person für ein Hauptgericht 150 g Fleisch, für Salate, Vorspeisen und Snacks entsprechend weniger. Beim Grillen wird oft mehr Fleisch, Geflügel und Wurst gegessen, besonders wenn nicht sehr viele Beilagen gereicht werden.

Zu Hause aufbewahren

Frisches, unzerkleinertes Fleisch kann im Kühlschrank bei 7 °C, mit Frischhaltefolie bedeckt, 1–2 Tage aufbewahrt werden. Zerkleinertes, v. a. Hackfleisch, unbedingt am Einkaufstag zubereiten. Frischgeflügel hält sich im Kühlschrank (an der Rückwand) bei 4 °C 1–2 Tage. Durchgegartes Fleisch und Geflügel halten sich im Kühlschrank 2–3 Tage, Fleisch- und Geflügelsalate mindestens 1 Tag in einem verschlossenen Gefäß im Kühlschrank. Salate mit Mayonnaise sollten grundsätzlich nicht länger als 1 Tag kühl gelagert werden.

Inhaltsstoffe

Experten empfehlen 2–3 Portionen Fleisch (je etwa 150 g) in der Woche. Schließlich enthält Fleisch wertvolles Eiweiß, das für den Aufbau von Körperzellen so wichtig ist. Außerdem stecken die fettlöslichen Vitamine A und D, B-Vitamine sowie lebenswichtige Mineral- und Spurenelemente darin. Vor allem dunkles Fleisch (Rindfleisch) ist ein hervorragender Eisenlieferant.

Artgerechte Aufzucht ist eine wichtige Voraussetzung für gute Fleischqualität.

Fleisch und Geflügel perfekt grillen

Entscheidend für den Grillerfolg: Wählen Sie Fleisch und Geflügel, das zum Grillen bestimmt ist, sorgfältig aus. Minderwertige Ware wird auch durch eine gute Marinade nicht besser.

Abwechslung macht Appetit

Natürlich ist es herrlich, einfach mal nur ein Rindersteak auf den Grill zu legen – mit einem knackigen Salat dazu ist das zweifelsfrei ein Hochgenuss. Doch viel schöner beim Grillen ist Abwechslung. Eine Zusammenstellung aus beispielsweise Geflügelspießchen, Schweinenacken und Lammkoteletts ist optisch und geschmacklich wunderbar abwechslungsreich, besonders, wenn noch unterschiedliche Marinaden ins Spiel kommen.

Sonderbehandlung

Rindfleisch sollte man – außer es hat in einer Marinade gelegen – erst kurz vor Ende der Garzeit würzen. Das fertig gegrillte Fleisch darf innen noch rosa oder sogar etwas blutig sein.
Schweinefleisch sollte möglichst durchgegart werden. Große Stücke deshalb in Scheiben schneiden oder würfeln und auf Spieße stecken, damit das Fleisch gleichmäßig gar wird.
Geflügelfleisch ist sehr mager und sollte daher beim Grillen immer wieder mit Öl bestrichen oder vor dem Grillen mariniert werden. Die Marinade eignet sich auch zum Bestreichen des Grillguts. Servieren Sie aber keinesfalls die Marinade, in der das Fleisch durchgezogen hat, zum gegrillten Fleisch – Salmonellengefahr! Übrig gebliebene Marinade also wegschütten.
Geflügelfleisch sollte unbedingt durchgegart werden. Bei dickeren Stücken eine Garprobe machen: Mit einem Spieß aus Holz oder Metall in die dickste Stelle stechen. Ist der heraustretende Fleischsaft klar, ist das Fleisch durchgegart, tritt rosa, also blutiger Saft aus, braucht das Geflügel noch eine Weile, bis es gar ist.

Wie lange grillen?

Alle Garzeiten sind Richtwerte. Verlassen Sie sich daher nicht allein auf die Tabellen, sondern auch auf Ihr Auge, und machen Sie nach Ablauf der empfohlenen Grillzeit speziell bei Geflügel eine Garprobe (siehe oben). Bei kaltem Wetter sind die Grillzeiten länger, bei hohen Außentemperaturen kürzer, Fleisch, das direkt aus dem Kühlschrank kommt, braucht länger als Fleisch mit Raumtemperatur.

Ob vom Grill oder aus der Pfanne, egal auf welche Weise Fleisch und Geflügel gegart wurde – vor dem Genuss muss es durch sein! Eine Ausnahme bilden Rindersteaks: Ganz nach Geschmack können sie von blutig bis durch gegart werden.

Grillzeiten im Überblick

Schweinefleisch

	Gewicht/ Dicke ca.	Grillzeit in Minuten
Kleine Bratwürste	2 cm	10–14
Große Bratwürste	2 cm	12–15
Halsgrat	3 cm	12–14
Lendenscheiben	1,5 – 1,8 kg	12–14
Filetscheiben	1,5 cm	8–10
Spareribs	1 – 1,5 kg	60–90

Rind- und Kalbfleisch

	Gewicht/ Dicke ca.	Grillzeit in Minuten
Filetsteak (Rind)	200 g	6 – 12
Lendensteak	2,5 cm	10 – 12
Rumpsteak	450–900 g	12 – 15
Lendenbraten	1,8–2,8 kg	120 – 150
Entrecôte double	400 g	20 – 25
Kalbssteak	2 cm	10 – 12
	2,5 cm	14
	3,5 cm	16 – 18
Hamburger	2 cm	10
Kotelett	2,5 cm	12 – 14

Geflügel

	Gewicht/ Dicke ca.	Grillzeit in Minuten
Ganzes Hähnchen	1,2 kg	60 – 90
Halbes Hähnchen	600 g	60
Hähnchenbrust	250 g	30 – 35
Hähnchenkeule	120–180 g	30 – 45
Hähnchenflügel	75 g	30
Stubenküken	350–450 g	45–60
Putenbrust	1,5 kg	60 – 90
Putenkeule	450–850 g	55– 65
Ente	1,7 kg	90 – 120
Entenbrust	400 g	45– 60
Hähnchenbrustfilet	120–180 g	10 – 12
Hähnchenspieße	2,5 cm große Stücke	10 – 12
Hähnchenfrikadellen	2 cm	10 – 12
Entenbrustfilets	150–250 g	10 – 15
Putenschnitzel	0,5–1 cm	5–8
Putenspieße	2,5 cm große Stücke	12 – 15
Putenbrust	1,7 kg	60

Lammfleisch

	Gewicht/ Dicke ca.	Grillzeit in Minuten
Lammkotelett	2,5 cm	10 – 12
Filetstücke	3 cm	10 – 12

Fisch, Krusten- & Schalentiere

	Gewicht/ Dicke ca.	Grillzeit in Minuten
Fischfilets	1 (2) cm	6 – 8 (8–10)
Steaks	2,5 cm	10 – 12
Spieße	2,5 cm große Stücke	8–10
Ganze Fische/ große Filets	2,5 cm	10
	4 cm	10 – 15
	5–6 cm	15–20
	7,5 cm (bis 900 g)	20 – 30
Hummer, ganz	900 g	18–20
Hummerschwänze	230 – 280 g	8– 12
Garnelen/Scampi, ungeschält (geschält)	mittelgroß	4 – 5 (3–4)
	groß	5 – 6 (4–5)
	sehr groß	6 – 8 (5–7)
Jakobsmuscheln	2,5–5 cm Ø	4– 6
Austern	klein	3 – 6

Gemüse und Obst

	Gewicht/ Dicke ca.	Grillzeit in Minuten
Aubergine	1 cm dicke Scheiben	8 – 10
Aubergine, halbiert		12 – 15
Kartoffel, ganz		45 – 60
Kartoffel	1 cm dicke Scheiben	14 – 16
Maiskolben, geschält		10 – 15
Riesenchampignon		10 – 15
Zucchini, halbiert		6 – 10
Zucchini	1 cm dicke Scheiben	6 – 8
Zwiebel, halbiert		35 – 40
Zwiebel	1 cm dicke Scheiben	8– 12
Ananas	1 cm dicke Scheiben	5 – 10
Banane, längs halbiert		6 – 8
Pfirsichhälfte, entsteint		8 – 10

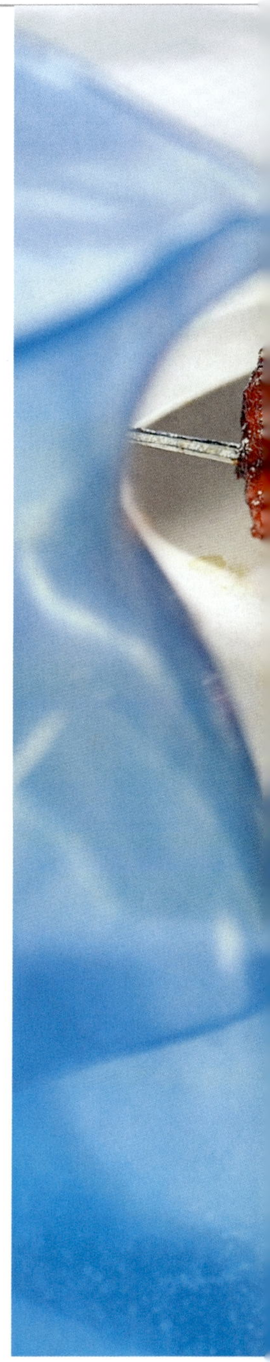

Schweinefleischspieße
süß-pikant glasiert

Für 4 Portionen
600 g mageres Schweinefleisch
2 kleine Zucchini (etwa 125 g)
2 kleine rote oder weiße Zwiebeln (etwa 125 g)
12 getrocknete Aprikosen

Marinade
4 EL Orangenmarmelade
30 ml Orangensaft oder Sherry
2 EL körniger Senf
1/2 TL geriebener frischer Ingwer
1/2 TL getrockneter Thymian oder Oregano

Pro Portion
280 kcal, 36 g Eiweiß,
7 g Fett, 20 g Kohlenhydrate
Vorbereitungszeit: 15 Minuten
plus Marinierzeit: mind. 30 Minuten
Grillzeit: 12–15 Minuten

1 Für die Marinade die Marmelade in einem kleinen Topf bei schwacher Hitze 1–2 Minuten erwärmen. Die restlichen Zutaten für die Marinade unterrühren. Die Marinade abkühlen lassen.

2 Das Fleisch von allem sichtbaren Fett befreien und in 4 cm große Würfel schneiden. In eine Schüssel geben und mit der Marinade verrühren. Zudecken und 30 Minuten bei Raumtemperatur marinieren. Oder über Nacht im Kühlschrank durchziehen lassen, dann vor der Weiterverarbeitung Raumtemperatur annehmen lassen.

3 Den Grill vorheizen.

4 Zucchini waschen und in dicke Scheiben schneiden. Zwiebeln abziehen und längs in Viertel schneiden. Fleisch, Aprikosen, Zucchini und Zwiebel abwechselnd auf vier Spieße stecken. Spieße 12–15 Minuten grillen, bis das Fleisch durchgegart ist, dabei ab und zu wenden und mit Marinade bestreichen.

Der praktische Tipp:
Zu den Spießen passt eine kalte Joghurtsauce. Dafür 150 g Joghurt mit 1 EL gehacktem Koriandergrün und 1 EL gehackter Frühlingszwiebel verrühren. Mit Salz und Pfeffer abschmecken.

Lammkebabs
würzig mariniert

Dafür 4 etwa 2,5 cm dicke Scheiben Lammfleisch (Schulter) mit einer Mischung aus Cayennepfeffer, zerdrücktem frischem Ingwer, zerstoßenem Fenchel-, Kreuzkümmel- und Koriandersamen sowie 150 g Joghurt bestreichen. In eine Schale legen, zudecken und mehrere Stunden durchziehen lassen. Anschließend das Fleisch aus der Marinade nehmen, Marinade vom Fleisch abstreifen. Das Fleisch in Würfel schneiden und mit Paprikastücken und kleinen Zwiebeln auf lange Metallspieße stecken. Spieße mit Olivenöl bestreichen und auf dem heißen Grill etwa 10 Minuten garen. Immer wieder wenden und nach Bedarf mit Öl bestreichen. Mit Salz und Pfeffer bestreuen.

Glasierte Spareribs

Für 12 Stück

- 2 fleischige Spareribs vom Schwein (etwa 900 g)
- 3 EL Rotweinessig
- 2 TL Sonnenblumenöl
- 1 langer Streifen unbehandelte Orangenschale
- 150 ml Orangensaft
- 1 EL Tomatenmark
- 2 EL brauner Zucker
- 2 EL Worcestersauce
- 1 EL Dijonsenf
- 1/2 – 1 TL Cayennepfeffer (oder nach Geschmack)

Pro Stück

130 kcal, 13 g Eiweiß,
7 g Fett, 3 g Kohlenhydrate

Vorbereitungszeit: 30 Minuten
plus Marinierzeit: 3 Stunden
Grillzeit: 45 Minuten

1 Die Spareribs von allem sichtbaren Fett und der dünnen Membran (siehe Tipp) befreien.

2 Essig, Öl, Orangenschale und -saft, Tomatenmark, Zucker, Worcestersauce, Senf und Cayennepfeffer in einer großen flachen Schale verrühren. Die Spareribs hineingeben und durch Wenden damit überziehen. Zudecken und für 3 Stunden oder über Nacht kalt stellen.

3 Die Spareribs aus der Marinade heben und gut abtropfen lassen, die Marinade dabei auffangen.

4 Den Grill vorheizen.

5 Die Spareribs in eine Aluschale legen. Bei geschlossener Haube (indirekter Hitze) und niedriger Hitze etwa 45 Minuten grillen, bis die Spareribs gar sind, dabei regelmäßig wenden und mit Marinade bestreichen.

Der praktische Tipp:

Für zarte Spareribs die dünne Membran auf der Rückseite der Spareribs entfernen: Ziehen Sie eine Ecke der Membran mit einer Messerspitze zurück und dann die Membran leicht mit den Fingern ab. Nun das Fleisch in der Marinade wenden und ziehen lassen.

Spareribs in scharfer Joghurtmarinade

Dafür etwa 2 kg Schweinerippchen in eine Marinade aus 150 g Ketchup, 3 zerdrückten Knoblauchzehen, 150 g Joghurt, 2 EL Sojasauce, einer guten Prise gemahlenem Ingwer, 1 Tropfen Tabascosauce und schwarzem Pfeffer legen. Zudecken und einen Tag im Kühlschrank durchziehen lassen. Fleisch aus der Marinade nehmen und grillen. Salzen und servieren.

Lamm-Gemüse-Frikadellen mit Rosmarin

Für 4 Portionen
1 Stange Lauch
1 große grüne Paprikaschote
2 Knoblauchzehen
1 EL Olivenöl
2 EL fein gehackte Rosmarinnadeln
500 g gehacktes Lammfleisch
1 Eigelb
100 g frische Vollkornbrotkrumen
Salz
schwarzer Pfeffer aus der Mühle

Pro Portion
295 kcal, 29 g Eiweiß,
13 g Fett, 15 g Kohlenhydrate
Vorbereitungszeit: 20 Minuten
plus Kühlzeit: 30 Minuten
Grillzeit: 5–7 Minuten pro Frikadelle

Der praktische Tipp:

Um festzustellen, ob Fleisch und Geflügel tatsächlich durchgegart sind, empfiehlt sich die Verwendung eines Fleischthermometers. Stechen Sie damit in die dickste Stelle des Grillguts und prüfen Sie die Temperatur: Bei den Frikadellen sollte sie mindestens 70 °C betragen (besser 75 °C).

1 Die Lauchstange putzen, waschen und fein hacken. Die Paprikaschote putzen, waschen und in kleine Würfel schneiden. Den Knoblauch abziehen und durch die Presse drücken.

2 Das Olivenöl in einem Topf erhitzen. Lauch, Paprika und Knoblauch hineingeben. Alles 10 Minuten unter gelegentlichem Rühren dünsten. Den Rosmarin unterrühren, dann den Topf vom Herd nehmen. Das Gemüse abkühlen lassen.

3 Hackfleisch, Eigelb, Brotkrumen, Salz und Pfeffer gründlich mischen. Das Gemüse mitsamt der Garflüssigkeit zugeben und alles gut verkneten. Den Fleischteig in 8 gleich große Portionen teilen.

4 Jede Portion mit angefeuchteten Händen zu einer Kugel formen, die Kugeln flach drücken. Die Frikadellen auf einen Teller legen, zudecken und für gut 30 Minuten in den Kühlschrank stellen.

5 Den Grill vorheizen.

6 Die Frikadellen auf jeder Seite 5–7 Minuten grillen, bis sie durchgegart und knusprig gebräunt sind.

Hüftsteak mit Schalotten und Knoblauch

1 Den Haubengrill vorheizen.

2 Schalotten und Knoblauchknollen von Spitzen und Wurzelenden befreien. Ungeschält in eine Schüssel geben. Mit 1 EL Olivenöl beträufeln und alles gut mischen. Schalotten und Knoblauch im geschlossenen Haubengrill etwa 30 Minuten grillen, dabei gelegentlich wenden.

3 Schalotten und Knoblauch kurz abkühlen lassen, dann aus den Häuten drücken (dabei aber nicht zerdrücken). In eine Schüssel geben und mit 1 EL Olivenöl, dem Essig und der Petersilie mischen. Mit Salz und Pfeffer abschmecken.

4 Die Steaks von allem sichtbaren Fett befreien. Mit dem restlichen EL Öl und der Worcestersauce einreiben; salzen und pfeffern. Bei geschlossener Haube auf jeder Seite etwa 5 Minuten bis zum gewünschten Gargrad grillen. Mit Knoblauch und Schalotten servieren.

Für 4 Portionen

500 g Schalotten
2 Knoblauchknollen
3 EL Olivenöl
1 TL Aceto balsamico
2 EL gehackte glatte Petersilie
Salz
schwarzer Pfeffer aus der Mühle
4 magere Rinderhüftsteaks (je etwa 150 g)
1 TL Worcestersauce

Pro Portion

360 kcal, 37 g Eiweiß,
17 g Fett, 13 g Kohlenhydrate
Vorbereitungszeit: 10 Minuten
Grillzeit: 30 Minuten für Schalotten und Knoblauch, plus etwa 10 Minuten pro Steak

Der praktische Tipp:

Der Vorteil eines Haubengrill ist, dass die Hitze vom Deckel reflektiert wird und das Grillgut wie in einem Backofen gleichmäßig gart. Größere Fleischstücke und ganzes Geflügel bieten sich zum Grillen mit dieser Methode an. Die Belüftungsöffnung am Deckel muss stets geöffnet werden! Grillen mit geschlossenem Deckel kann die Grillzeit um bis zu ein Drittel senken.

Kalbfleischsalat mit Gurken-Kräuter-Marinade

Dafür das gegrillte Kalbfleisch abkühlen lassen, von den Knochen lösen und in Streifen schneiden. Eine Salatgurke gründlich waschen, dann trockenreiben. Die Gurke samt Schale in kleine Würfel schneiden. 2 weiße Zwiebeln abziehen und fein würfeln. Gurke und Zwiebeln in eine große Schüssel geben. Mit Salz bestreuen und zugedeckt Wasser ziehen lassen. Dann 4 EL Sonnenblumenöl, 2 EL Weißweinessig, Pfeffer und 1 EL fein gehackte Dillspitzen unter die Gurken-Zwiebel-Mischung rühren. Die Kalbfleischstreifen untermischen. Den Salat zugedeckt mindestens 30 Minuten bei Raumtemperatur ziehen lassen. Vor dem Servieren mit Salz und Pfeffer sowie eventuell noch Essig und Öl abschmecken.

Kalbskoteletts toskanische Art

1 Die Zutaten für die Marinade in ein Schraubdeckelglas geben. Verschließen. Kräftig schütteln, bis alles gut gemischt ist.

2 Die Möhren schälen und in dünne Stifte schneiden. Die Tomaten in Achtel schneiden. Zwiebel abziehen und in Ringe schneiden. Die Koteletts jeweils auf beiden Seiten großzügig pfeffern. Mit dem Gemüse in eine flache Form geben. Die Marinade darübergießen; alles gut mischen. 15 Minuten durchziehen lassen.

3 Den Grill vorheizen.

4 Die Koteletts aus der Form heben und auf den Grill legen. Das Gemüse mit dem Rosmarin in eine Aluschale geben. Die Koteletts auf jeder Seite etwa 7 Minuten grillen, bis sie außen braun, innen aber noch rosa sind. Das Gemüse parallel dazu in der Schale auf dem Grill etwa 6 Minuten unter Rühren garen. Mit Salz und Pfeffer abschmecken.

5 Das Gemüse auf zwei Teller verteilen, das Fleisch darauf anrichten. Sofort servieren.

Der praktische Tipp:

Anstelle des Gemüses schmeckt auch ein bunter Gemüsesalat gut zu den Koteletts. Ebenso ist Kartoffelsalat mit Gurke eine passende Beilage.

Für 4 Portionen

2 große Möhren
2 Tomaten
250 g grüne Bohnen
2 kleine rote Zwiebeln
4 Kalbskoteletts (Lende oder Rippe; je 150 g)
schwarzer Pfeffer aus der Mühle
1 TL gehackter Rosmarin
Salz

Marinade

4 EL Weißweinessig
6 EL Weißwein
6 EL Olivenöl
1/2 TL getrocknete italienische Kräuter
schwarzer Pfeffer aus der Mühle

Pro Portion

290 kcal, 31 g Eiweiß, 15 g Fett, 8 g Kohlenhydrate

Vorbereitungszeit: 20 Minuten
plus Marinierzeit: 15 Minuten
Grillzeit: 14 Minuten

Honigmarinade süß-pikant

Diese Marinade ist schnell gerührt und schmeckt zu Hähnchenbrust, Fisch (z. B. Lachssteaks), Schweinefleisch oder Putenbrust. 3 EL Honig mit 1 EL Sojasauce, 1 EL Zitronensaft, 2 EL Sonnenblumenöl, 1 zerdrückten Knoblauchzehe sowie mehreren Tropfen Tabascosauce verrühren. Nach Belieben kann man noch 1 EL Sesamsamen und 1 Tropfen geröstetes Sesamöl unter die Marinade mischen. Das Grillgut (je nach Größe der Stücke) zugedeckt mindestens 30 Minuten in der Marinade ziehen lassen.

Gegrillte Hähnchenbrust auf indische Art

1 Für die Marinade den Knoblauch abziehen und durch die Presse drücken. Ingwer schälen und fein hacken. Mit den anderen Marinade-Zutaten in eine große Schüssel geben und alles glatt verrühren – man kann die Zutaten auch im Mixer oder in der Küchenmaschine mischen. Marinade in eine Schüssel füllen, in der später noch das Hähnchenfleisch Platz hat.

2 Die Hähnchenbrustfilets jeweils auf einer Seite zwei- bis dreimal schräg einschneiden. In die Marinade geben und durch Wenden damit überziehen, dabei auch Marinade in die Einschnitte reiben. Zudecken und für 30 Minuten kalt stellen.

3 Den Grill vorheizen.

4 Für die Raita die Gurke schälen, halbieren, entkernen und grob raspeln. Die Gurkenraspel mit den Händen kräftig ausdrücken. Die Tomate sehr fein würfeln. Den Joghurt in eine Schüssel geben. Gurkenraspel, Tomatenwürfelchen, Koriander, Kreuzkümmel, Cayennepfeffer, Salz und Pfeffer zufügen. Alles gut mischen.

5 Die Hähnchenfilets 12–15 Minuten grillen, bis sie durchgegart sind, dabei regelmäßig wenden und mit Marinade bestreichen.

6 Mit den Zitronenschnitzen auf einer Platte anrichten. Mit Koriandergrün garnieren und mit der Raita servieren.

Für 4 Portionen

4 Hähnchenbrustfilets (je etwa 150 g)
Sonnenblumenöl zum Bestreichen
Zitronen- oder Limettenschnitze zum Anrichten

Joghurtmarinade

1 Knoblauchzehe
2 cm frischer Ingwer
1 1/2 TL Tomatenmark
1 1/2 TL Garam Masala
1 1/2 TL Korianderpulver
1 1/2 TL Kreuzkümmelpulver
1/2 TL Kurkuma
1 Prise Cayennepfeffer (oder nach Geschmack)
100 g Joghurt

Raita (Joghurtsauce)

1 Salatgurke (etwa 300 g), längs geviertelt und entkernt
1 Tomate
350 g Joghurt
1/2 TL Korianderpulver
1/2 TL Kreuzkümmelpulver
1 Prise Cayennepfeffer
1 Prise Salz

Garnitur

Koriandergrün

Pro Portion

240 kcal, 40 g Eiweiß,
5,5 g Fett, 6 g Kohlenhydrate

Vorbereitungszeit: 15 Minuten
plus Marinierzeit: 30 Minuten
Grillzeit: 12–15 Minuten

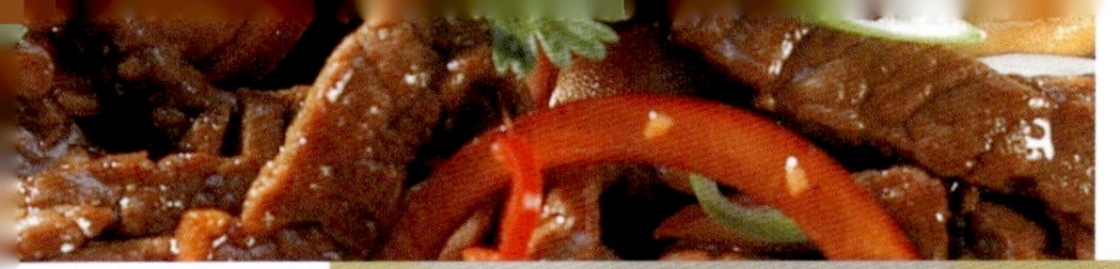

Putenspieße vorbereiten

1 Den Maiskolben in 8 dünne Scheiben schneiden.

2 Die Zwiebeln längs in dünne Spalten schneiden, ohne dass die einzelnen Schichten auseinanderfallen.

3 Das Fleisch abwechselnd mit dem Gemüse auf die Schaschlikspieße stecken.

Putenspießchen mit chilischarfer Zwiebelsauce

1 Das Fleisch in etwa 3 cm große Würfel schneiden. Maiskolben und Zucchini jeweils in 8 dickere Scheiben schneiden. Fleisch, Gemüsescheiben und Tomaten in einer Schüssel vermengen.

2 Zitronensaft, 1 EL Olivenöl, Salz, Pfeffer und Kräuter zu einer Marinade verrühren; über Fleisch und Gemüse gießen und untermischen. 15 Minuten im Kühlschrank durchziehen lassen. Den Grill vorheizen.

3 Für die Sauce die Zwiebeln abziehen und in Achtel schneiden. Knoblauch abziehen und in dünne Scheiben schneiden. Chilis putzen und fein hacken. Das Öl in einer Pfanne erhitzen und die Zwiebeln darin glasig werden lassen. Knoblauch und Chili zugeben und kurz mitdünsten. Alles mit Portwein und Gemüsebrühe ablöschen; um die Hälfte einkochen. Abschmecken.

4 Fleisch und Gemüse abwechselnd auf 8 Bambusspieße stecken. Unter häufigem Wenden etwa 10 Minuten grillen, bis das Fleisch durchgegart ist. Die Spieße mit der Zwiebelsauce servieren.

Der praktische Tipp:

Wenden Sie Fleisch und Geflügel auf dem Grill niemals mit einer Gabel – dadurch könnte das Fleisch angestochen werden, der Saft läuft aus, das Fleisch wird zäh und trocken. Nehmen Sie eine Grillzange! Das Grillfleisch bleibt übrigens nicht auf dem Grillrost kleben, wenn Sie ihn vorher mit etwas Öl einstreichen.

Für 4 Portionen

500 g Putenschnitzel
1 Zuckermaiskolben
2 kleine Zucchini
12 Kirschtomaten
2 EL Zitronensaft
1 EL Olivenöl
Salz
weißer Pfeffer aus der Mühle
1 TL getrocknete Kräuter der Provence

Sauce

4 große rote Zwiebeln
2 Knoblauchzehen
1–2 rote Chilischoten
1 EL Olivenöl
100 ml Portwein
50 l Gemüsebrühe

Pro Portion

250 kcal, 34 g Eiweiß,
10 g Fett, 7 g Kohlenhydrate

Vorbereitungszeit: 15 Minuten, plus Marinierzeit: 15 Minuten
Grillzeit: etwa 10 Minuten pro Spieß

Hähnchenbrust-spieße auf Asia-Salat mit Erdnusssauce

Für 4 Portionen

400 g Hähnchenbrustfilets
1 Knoblauchzehe
1 Stück frische Ingwerwurzel (3 cm lang)
5 EL Sojasauce
1 EL Zitronensaft
3 EL Sonnenblumenöl
1/2 TL Sambal Oelek
4 frische rote Chilischoten
150 g Mungobohnensprossen
1 rote Paprikaschote
1 kleine Pak-choi-Staude
2 Frühlingszwiebeln
2–3 EL Limettensaft
Salz
schwarzer Pfeffer aus der Mühle
3 EL Erdnusscreme
1 EL Weißweinessig
50 ml Milch
1 TL brauner Zucker

Pro Portion
340 kcal, 32 g Eiweiß,
19 g Fett, 10 g Kohlenhydrate
Zubereitungszeit: 40 Minuten
plus Marinierzeit: 1–2 Stunden

1 Die Hähnchenbrustfilets in 3 cm große Würfel schneiden. Die Knoblauchzehe abziehen und durch die Presse in eine Schüssel drücken. Ingwer schälen und fein reiben. Den Ingwer, 3 EL Sojasauce, Zitronensaft, 1 EL Sonnenblumenöl und Sambal Oelek in die Schüssel geben und alles verrühren. Das Fleisch untermischen und zugedeckt 1–2 Stunden marinieren.

2 Die Chilischoten waschen, dann auf ein Schneidebrett legen. Mit einem spitzen Küchenmesser jeweils vom Stielansatz bis zur Spitze etwa sechsmal ein-, aber nicht auseinanderschneiden (siehe rechts). Etwa 1 l Eiswasser in eine Schüssel geben und die aufgeschnittenen Schoten hineinlegen.

3 Die Mungobohnensprossen in ein Sieb geben und mit kaltem Wasser abbrausen; gut abtropfen lassen. Die Paprikaschote halbieren und putzen. Die Hälften waschen und in 4 cm lange Streifen schneiden. Pak choi putzen, waschen und trockenschütteln; in 2 cm breite Streifen schneiden. Die Frühlingszwiebeln waschen, putzen und in dünne Ringe schneiden.

4 Das Gemüse auf einer großen Platte dekorativ anrichten. Aus Limettensaft, 2 EL Öl, Salz und Pfeffer eine Vinaigrette rühren und diese über den Salat träufeln. Den Grill vorheizen. Fleisch aus der Marinade nehmen, auf 8–12 Spießchen stecken; die übrige Marinade aufbewahren. Das Fleisch auf dem Grill in etwa 6 Minuten garen, dabei gelegentlich wenden.

5 Für die Sauce die Erdnusscreme in eine Stielkasserolle geben. 2 EL Sojasauce, den Essig, die restliche Marinade und die Milch zufügen, alles zu einer glatten Sauce verrühren. Erhitzen, bis die Sauce andickt. Dann mit Salz, Pfeffer und Zucker abschmecken.

6 Spießchen auf dem Salat anrichten, mit der Erdnusssauce überziehen. Chilischoten aus dem Wasser nehmen, abtropfen lassen. Den Salat damit garnieren, servieren.

Der praktische Tipp:

Erdnusscreme kann man leicht selber herstellen, indem man frisch ausgelöste Erdnusskerne im Blitzhacker mit einem Schuss Öl und einer Prise Salz fein zerkleinert.

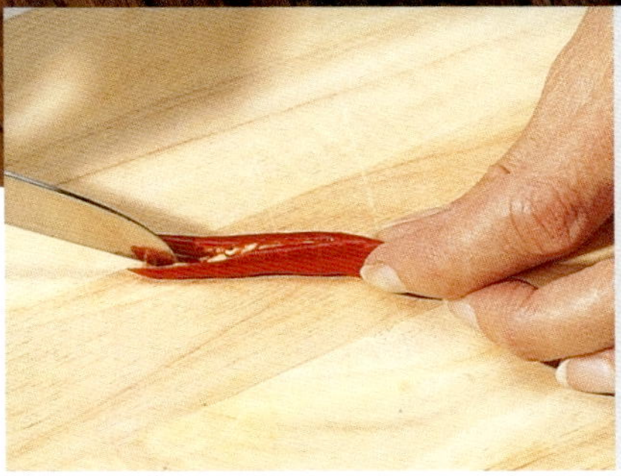

Chilischoten-Blüten herstellen

1 Die Chilischoten jeweils vom Stielansatz bis zur Spitze etwa sechsmal längs einschneiden, ohne sie dabei durch- oder Stücke davon abzuschneiden.

2 Die geschnittenen Chilischoten in eine Schüssel mit Eiswasser legen. Nach kurzer Zeit biegen sich die einzelnen Streifen nach außen.

3 Die Schoten abtropfen lassen, nach Belieben die scharfen Kernchen vorsichtig herauslösen und das Gericht mit den Chilischotenblüten garnieren.

Gegrilltes Hähnchen mit Räucheraroma

Für 6 Portionen

Öl für den Grillrost
etwa 1,3 kg Hähnchenteile mit Knochen (Brust, Ober- und Unterkeulen), von der Haut befreit

Sauce

1 Zwiebel
2 Knoblauchzehen
2 TL Olivenöl
1 Dose Pizzatomaten (etwa 400 g)
100 ml Ananassaft
2 EL brauner Zucker
2 EL helle Sojasauce
1 EL körniger Senf
1 TL getrockneter Thymian
Salz
Rauchsalz

Pro Portion

250 kcal, 31 g Eiweiß, 8 g Fett, 13 g Kohlenhydrate

Vorbereitungszeit: 20 Minuten
plus Marinierzeit: 2–3 Stunden
Grillzeit: 30 Minuten

1 Den Grillrost großzügig einölen. Den Grill vorheizen.

2 Für die Sauce Zwiebel und Knoblauch abziehen und fein würfeln. Das Öl in einem Topf bei mittlerer Hitze heiß werden lassen. Zwiebel und Knoblauch darin in etwa 5 Minuten glasig werden lassen. Die restlichen Saucenzutaten zufügen. Alles gut verrühren, dann zugedeckt bei schwacher Hitze 5 Minuten köcheln lassen.

3 Die heiße Mischung im Mixer oder mit dem Stabmixer pürieren. Die Sauce in den Topf geben und in 5 Minuten etwas einkochen lassen, dabei gelegentlich mit einem Schneebesen durchschlagen. Eine Hälfte der Sauce in eine Schüssel füllen und warm stellen.

4 Die Hähnchenteile rundum mit einem Teil der restlichen Sauce bestreichen. 15 Minuten grillen, dabei regelmäßig mit Sauce bestreichen und nach der Hälfte der Garzeit wenden. Weitere 15 Minuten ohne Einstreichen grillen, bis beim Einstechen klarer Fleischsaft austritt. Das Fleisch mit der warmen Sauce servieren.

Hähnchenteile grillen

1 Die dicksten Teile des Grillguts in die Mitte des Grillrosts legen.

2 Hähnchenteile vorsichtig mit einer Grillzange wenden, damit das Fleisch nicht verletzt wird und Saft verliert.

Selbst gerührte kalte Saucen machen knusprig Gegrilltes erst zum wahren Genuss. Hier finden Sie ein paar klassische und neue Vorschläge, die Ihre Palette an fertigen Grillsaucen aus der Flasche ergänzen werden. Einige Saucen können Sie gleich in größerer Menge auf Vorrat herstellen (z. B. Tomatenketchup), andere (z. B. die Knoblauchsauce) sollten Sie erst kurz vor der Verwendung zubereiten und anschließend rasch verbrauchen.

Tolle Grillsaucen

Rotes Zwiebelconfit

Passt zu gegrilltem Steak, Kotelett, Gemüse und kräftigen Fischsorten.

1 kg rote Zwiebeln
1 EL Zucker
1 TL Salz
1/2 TL schwarzer Pfeffer
4 EL Sherryessig
150 ml Rotwein

1 Zwiebeln abziehen und in Ringe schneiden. Das Öl in einer großen Pfanne erhitzen und die Zwiebelringe bei schwacher bis mittlerer Hitze 20 Minuten braten, dabei gelegentlich rühren.

2 Zucker, Salz und Pfeffer untermischen. Hitze so niedrig wie möglich einstellen. Pfanne schließen; alles 10 Minuten köcheln lassen. Essig und Wein zugießen. Offen 20–30 Minuten köcheln, bis die Masse eine Konsistenz wie Chutney hat.

3 Das heiße Confit in sterilisierte Gläser schöpfen. Mit einem Tuch bedecken; abkühlen lassen. Fest verschließen, 4 Wochen durchziehen lassen, dann erst servieren. Bis zu 6 Monate lagern.

Tomatenketchup

Prima Alternative zu gekauftem Ketchup. Schmeckt auch einfach nur zu Nudeln.

1 kg sonnengereifte Tomaten
1 rote Paprika
1 Zwiebel
2 Knoblauchzehen
3–4 EL Olivenöl
1–2 EL Apfelessig
gemahlenes Piment
schwarzer Pfeffer
Salz
1 EL brauner Zucker

1 Tomaten und geputzte Paprika in Stückchen schneiden. Zwiebel und Knoblauch abziehen und würfeln. In einem Topf das Öl erhitzen. Tomaten, Paprika, Zwiebel darin weich dünsten.

2 Die Tomaten-Paprika-Masse portionsweise durch ein Sieb streichen oder durch die Passiermühle drehen. Mit Essig, Knoblauch, einer Prise Piment, Pfeffer, Salz und Zucker beliebig abschmecken.

3 Den Ketchup in Flaschen oder Schraubgläser füllen und im Kühlschrank bis zu 6 Monate aufbewahren.

Knoblauchsauce

Passt sehr gut zu Steaks, Nackenkoteletts und Gemüse.

- 20 g Kastenweißbrot ohne Rinde (1 Scheibe)
- 2 EL Milch
- 4 Knoblauchzehen
- Salz
- 2 sehr frische Eigelb
- 250 ml bestes Olivenöl
- 1 EL Zitronensaft
- schwarzer Pfeffer
- 100–150 g Joghurt, nach Belieben

1 Das Weißbrot in Stücke schneiden, mit Milch beträufeln und durchziehen lassen. Knoblauch abziehen, grob hacken und mit dem Weißbrot und 1/4 TL Salz im Mörser zu einer feinen Paste verarbeiten.

2 Die Knoblauchpaste mit den Eigelben und 2 EL Öl mit den Schneebesen des Handrührgeräts aufschlagen. Zuerst den Zitronensaft, dann nochmals 2 EL Öl tropfenweise zugeben und einrühren.

3 Das restliche Öl in dünnem Strahl unter ständigem Rühren zugießen. Die Sauce mit Salz und Pfeffer abschmecken. Nach Belieben den Joghurt unterrühren.

Pikante Mangosauce

Passt hervorragend zu Geflügel, Fisch und Gemüse.

- 1 vollreife Mango
- 2 EL Zitronen- oder Limettensaft
- 2 EL Sonnenblumenöl
- 1 Stück frischer Ingwer (3 cm)
- 1 TL Sambal Manis
- 1/2 TL gemahlenes Zitronengras
- 1 EL Crème fraîche
- Salz
- schwarzer Pfeffer aus der Mühle
- 1 Prise Cayennepfeffer
- 1 EL Schnittlauchröllchen, nach Belieben

1 Die Mango gründlich waschen und trockenreiben. Dann mit einem Sparschäler schälen und das Fruchtfleisch in Scheiben vom Stein schneiden. Die Fruchtscheiben würfeln und die Würfel in einen hohen Rührbecher geben.

2 Zitronen- oder Limettensaft und Öl dazugießen. Das Fruchtfleisch mit dem Stabmixer fein pürieren. Ingwer schälen und fein reiben.

3 Ingwer, Sambal Manis, Zitronengras, Crème fraîche, Salz und Pfeffer zur Sauce geben und unterrühren. Mit Cayennepfeffer abschmecken und nach Belieben Schnittlauchröllchen untermischen.

Remoulade

Passt zu saftigen Steaks, Fisch und vielen anderen Grillspezialitäten.

- 2 sehr frische Eigelb
- 2 TL mittelscharfer Senf
- 1 EL Zitronensaft
- Salz und schwarzer Pfeffer
- 250 ml Sonnenblumenöl
- 3 Cornichons
- 1 EL Kapern (in Lake)
- 2 Estragonzweige
- 4 Stängel Petersilie
- 1/4 TL Sardellenpaste
- 1–2 EL Cornichons-Sud

1 Eigelbe, Senf, Zitronensaft, Salz und Pfeffer in eine Schüssel geben und glatt verrühren. Das Öl unter ständigem Rühren in einem dünnen Strahl einlaufen lassen. So lange rühren, bis eine cremige Mayonnaise entstanden ist.

2 Cornichons und Kapern abtropfen lassen, beides sehr fein würfeln. Die Kräuter abbrausen und trockenschütteln. Die Blättchen von den Stielen zupfen und fein hacken.

3 Cornichons, Kapern, Kräuter und Sardellenpaste unter die Mayonnaise rühren. Die Remoulade mit Salz und Pfeffer abschmecken. Eventuell 1–2 EL Cornichons-Sud untermischen.

Thailändischer Rindfleischsalat mit Erdnüssen

Für 4 Portionen

- 1 Stück frische Ingwerwurzel (3 cm lang)
- 4 Zweige Koriandergrün
- 400 g Rinderfilet
- 4 EL Sonnenblumenöl
- 3 EL Limettensaft
- 2 EL Sojasauce
- 1/2 TL Galgantpulver
- 50 g ungesalzene Erdnüsse
- 2 rote Zwiebeln
- Salz
- 2 Frühlingszwiebeln
- 1 frische rote Chilischote
- 1 kleine Salatgurke
- 1 Handvoll Minzeblätter zum Garnieren

Pro Portion

335 kcal, 26 g Eiweiß,
23 g Fett, 6 g Kohlenhydrate

Zubereitungszeit: 35 Minuten

1 Die Ingwerwurzel schälen und fein hacken. Das Koriandergrün waschen und trockenschütteln, die Blättchen fein hacken. Das Fleisch in sehr dünne, 3–4 cm lange Streifen schneiden.

2 Das Öl im Wok oder in einer tiefen Pfanne erhitzen. Das Fleisch darin unter Rühren rundum bei starker Hitze anbraten, bis kein Saft mehr austritt. In eine Schüssel geben, Limettensaft, Sojasauce, Galgant und Ingwer untermischen.

3 Wok oder Pfanne mit Küchenpapier auswischen. Die Erdnüsse ohne Fett darin leicht anrösten; zum Fleisch geben. Die roten Zwiebeln schälen, längs halbieren und längs in dünne Streifen schneiden. Die Zwiebeln mit dem Koriander unter das Fleisch mischen. Den Salat mit Salz abschmecken.

4 Die Frühlingszwiebeln putzen und waschen. Hellgrüne und weiße Teile schräg in Scheiben schneiden. Die Chilischote halbieren, putzen, waschen und dann in feine Streifen schneiden. Gurke und Minze waschen, die Gurke in dünne Scheiben schneiden.

5 Den Rindfleischsalat auf Portionsteller verteilen. Mit Frühlingszwiebeln und Chilistreifen bestreuen und mit Gurkenscheiben und Minzeblättern garnieren. Dazu passt Basmatireis oder Weißbrot.

Der besondere Tipp:

Erdnüsse gehören zu den Hülsenfrüchten und enthalten besonders wertvolles Eiweiß. Damit lassen sich viele Gerichte aufwerten.

Scharfer Rindfleischsalat mit Paprika und Mais

400 g Rindfleisch wie im Hauptrezept beschrieben schneiden und braten. Dann in eine Schüssel geben und mit 2 EL Limettensaft, 1 EL Rotweinessig, 1 TL Kreuzkümmelpulver und 1 zerdrückten Knoblauchzehe vermischen. 2 rote Zwiebeln abziehen, halbieren und in Streifen schneiden. 3 Tomaten waschen, halbieren und ohne Stielansätze in Stücke schneiden. 2 rote Paprikaschoten halbieren, putzen, waschen und in Streifen schneiden. 150 g Mais (aus der Dose), Tomaten, Paprika und Zwiebeln zum Rindfleisch geben, untermischen und alles mit Salz und Pfeffer würzen. 2–3 rote Chilischoten halbieren, putzen, waschen und fein hacken. 2 EL Sonnenblumenöl im Wok stark erhitzen und die halbierten Chilischoten darin unter Rühren kurz anbraten. Den Rindfleischsalat auf Teller geben, die gebratenen Chilis und 2 EL feingehacktes Koriandergrün darüberstreuen und den Salat sofort servieren.

Steakstreifen auf Linsen-Feldsalat

1 Senf mit 1 EL Olivenöl und einer kräftigen Prise Pfeffer verrühren. Die Steaks damit einreiben und zugedeckt kühl stellen. Die Linsen und den Rosmarin waschen; in einen Topf geben und den Kalbsfond angießen. Die Linsen offen aufkochen, dann zugedeckt bei schwacher Hitze 20 Minuten garen.

2 Die Möhren schälen, waschen und klein würfeln. Nach 20 Minuten zu den Linsen geben, unterrühren und alles 10 Minuten weiterkochen. Den Topf vom Herd nehmen und die Linsen offen ausdampfen und abkühlen lassen. Rosmarinzweig entfernen, die Linsen mit 1/2 TL Salz würzen.

Für 4 Portionen

1 EL körniger Senf (z. B. aus Meaux)
6 EL Olivenöl
schwarzer Pfeffer aus der Mühle
2 Rindersteaks
200 g Puy-Linsen
1 kleiner Zweig frischer Rosmarin
300 ml Kalbsfond
2 Möhren
Salz
100 g Feldsalat
2–3 EL Rotweinessig
3 Zweige frischer Thymian
75 g Schlagsahne
2 TL geriebener Meerrettich
1/2 Bund Schnittlauch

Pro Portion

460 kcal, 30 g Eiweiß,
25 g Fett, 28 g Kohlenhydrate
Zubereitungszeit: 45 Minuten

3 In einer beschichteten Pfanne 1 EL Olivenöl erhitzen und die Steaks darin von beiden Seiten je 3–5 Minuten braten. Steaks aus der Pfanne nehmen, in Alufolie wickeln und warm stellen. Den Feldsalat putzen, waschen und trockenschleudern, in mundgerechte Büschel teilen.

4 Für die Vinaigrette 2 EL Rotweinessig, 4 EL Olivenöl, Salz und Pfeffer mit einem Schneebesen aufschlagen. Den Thymian waschen und trockenschütteln, die Blätter von den Zweigen streifen und fein hacken. Thymian und Linsen unter die Vinaigrette heben.

5 Die Sahne steif schlagen und den Meerrettich darunterziehen. Den Schnittlauch waschen und trockenschütteln, in feine Röllchen schneiden. Die Steaks in dünne Streifen schneiden, den ausgetretenen Saft zu den Linsen geben.

6 Die Linsen mit Salz, Pfeffer und Essig abschmecken und mit dem Feldsalat auf Portionstellern anrichten. Die Steakstreifen darauf betten, auf jede Portion einen Klecks Meerrettichsahne geben und mit Schnittlauchröllchen bestreuen. Gut dazu passt frisches Baguette.

Asiatischer Rindfleischsalat mit Glasnudeln

400–500 g gut durchgebratene oder gegrillte Rindersteaks vom Vortag in dünne Streifen schneiden. 2 rote Chilischoten halbieren, putzen, waschen und in dünne Streifen schneiden. 2 rote Zwiebeln abziehen, halbieren und in dünne Spalten schneiden. 200 g Bambussprossen aus der Dose in dünne Streifen schneiden. 1 Knoblauchzehe abziehen, 3 cm Ingwerwurzel schälen, beides fein hacken. 150 g Glasnudeln mit kochend heißem Wasser übergießen, 10 Minuten quellen lassen. Dann abgießen, abtropfen lassen und in 10 cm lange Stücke schneiden. 2 EL Erdnussöl im Wok erhitzen, die Steakstreifen darin rundum anbraten. Chili, Knoblauch und Ingwer zugeben, kurz mit anbraten. Alles mit 3 EL Rotweinessig, 2 EL Sojasauce, Salz und Pfeffer ablöschen, dann vom Herd nehmen und in eine Schüssel geben. Zwiebeln, Bambussprossen und Glasnudeln untermischen und den Salat auf in Streifen geschnittenen Pakchoi-Blättern anrichten.

Mexikanischer Rindfleischsalat mit Chilis

Für 4 Portionen

- 500 g gekochtes mageres Rindfleisch
- 1/2 Bund Koriandergrün
- 2 rote Chilischoten
- 2–3 EL Rotweinessig
- 2 EL Limettensaft
- 4 EL Olivenöl
- Salz
- schwarzer Pfeffer aus der Mühle
- 1/4 TL edelsüßes Paprikapulver
- 1 rote und 1 orangefarbene Paprikaschote
- 8 eingelegte Mini-Maiskolben
- 2 Fleischtomaten
- 2 Frühlingszwiebeln
- 50 g Nachos oder Tortillachips

Pro Portion

410 kcal, 38 g Eiweiß,
22 g Fett, 13 g Kohlenhydrate

Zubereitungszeit: 35 Minuten
plus Marinierzeit: 1 Stunde

1 Das Rindfleisch in schmale Streifen schneiden und in eine Schüssel geben. Koriandergrün waschen und trockenschütteln, die Blätter fein hacken. Etwa 1 EL gehackten Koriander für die Garnitur beiseitestellen. Die Chilischoten längs halbieren und die Kernchen herauslösen, die Schoten waschen und fein hacken. Restliches Koriandergrün und Chili zum Fleisch geben.

2 In einer kleinen Schüssel 2 EL Essig, Limettensaft und Olivenöl verrühren. Mit Salz, Pfeffer und Paprikapulver würzen. Die Vinaigrette unter die Zutaten in der Schüssel mischen. Alles zugedeckt etwa 1 Stunde im Kühlschrank durchziehen lassen.

3 Die Paprikaschoten halbieren, putzen und waschen; in 1,5 cm große Würfel schneiden. Die Mini-Maiskolben abtropfen lassen und in Stücke schneiden. Die Tomaten halbieren, Stielansätze und Kerne entfernen, die Tomaten würfeln. Die Frühlingswiebeln putzen, waschen und in Ringe schneiden.

4 Das Gemüse unter den Salat mischen, alles mit Salz, Pfeffer und Essig abschmecken. Den Salat in eine Schüssel füllen und mit den Nachos oder Tortillachips garnieren. Mit Koriandergrün bestreuen.

Der praktische Tipp:

Noch besser schmeckt der Salat, wenn man die Nachos oder Tortillachips vor dem Überstreuen kurz im heißen Backofen aufwärmt.

Rindfleisch-Kartoffel-Salat mit Meerrettich-dressing

500 g mageres Rindfleisch in einem Topf mit Wasser bedecken. 1 Bund zerkleinertes Suppengrün, 1 Lorbeerblatt, 2 TL Salz, 1/2 TL Pfefferkörner und 1 Gewürznelke zugeben. Aufkochen. Den sich bildenden Schaum abschöpfen. Fleisch 2 Stunden bei sehr schwacher Hitze gar ziehen lassen. Je 4 ganze geputzte Möhren und geputzte Selleriestangen 30 Minuten mitgaren. Gemüse aus der Brühe nehmen, abkühlen lassen und in Stücke schneiden. Das Fleisch ebenfalls abkühlen lassen und in Würfel schneiden. 1 rote Zwiebel abziehen und klein würfeln. 4–5 Pellkartoffeln vom Vortag pellen und in nicht zu kleine Würfel schneiden. Fleisch, Gemüse, Kartoffeln und Zwiebel in einer Schüssel mischen. Für das Dressing 200 g saure Sahne in eine Schüssel geben. 2 EL Rapsöl, 2 EL Milch, 2–3 EL Weißweinessig, 1–2 EL geriebenen Meerrettich, 1/2 fein geriebenen Apfel, Salz und Pfeffer zugeben und alles cremig verrühren. Das Dressing und 2 EL grob gehackte Petersilie unter den Salat mischen.

Kalbfleischsalat mit Tomaten-Vinaigrette

500 g gekochtes Kalbfleisch in dünne Scheiben schneiden. Die Fleischscheiben fächerartig auf Portionstellern auslegen. 4 vollreife, aromatische Tomaten mit kochend heißem Wasser übergießen und kalt abschrecken, die Haut abziehen. Tomaten halbieren, Stielansätze und Kerne entfernen. Die Früchte sehr klein würfeln. 1 Knoblauchzehe abziehen und durch die Presse in eine Schüssel drücken. 4 Basilikumzweige waschen, trockentupfen und die Blätter klein schneiden. Tomatenwürfel und Basilikum zum Knoblauch geben. 4 EL Olivenöl, 2 EL Aceto balsamico, Salz und Pfeffer zugeben, alles verrühren. Die Tomaten-Vinaigrette auf den Fleischscheiben verteilen und den Salat servieren. Dazu passt geröstetes Toskanabrot.

Asiatischer Kalbfleischsalat mit Sambal-Creme

1 Das gekochte Kalbfleisch in schmale Streifen schneiden und in eine Schüssel geben. Den Chinakohl putzen, waschen und sehr gut trockenschütteln. Anschließend in feine Streifen schneiden.

2 Die Bambussprossen abtropfen lassen und in dünne Streifen schneiden. Die Zuckerschoten waschen, putzen und schräg in Streifen schneiden. Das Gemüse unter das Fleisch mischen.

3 Sonnenblumen- und Sesamöl, 2 EL Essig, Sojasauce und Zucker in eine Schüssel geben. Den Ingwer schälen und fein hacken. Das Zitronengras von den harten Schichten befreien und die zarten Teile fein hacken (siehe unten).

4 Den Ingwer und das Zitronengras in die Schüssel geben. Alles miteinander verrühren, die Vinaigrette nach Bedarf mit etwas Salz würzen. Die Vinaigrette über die Salatzutaten gießen und locker untermischen.

5 Die Sesamsamen in einer Pfanne ohne Fett leicht rösten. Auf einen Teller geben und abkühlen lassen. Den Schnittlauch waschen, trockenschütteln und in feine Röllchen schneiden. Für die Creme die Crème fraîche mit dem Sambal Oelek verrühren, mit Salz würzen.

6 Den Kalbfleischsalat mit Salz, Zucker und Essig abschmecken. Auf Schälchen verteilen. Auf die Mitte jeder Portion einen Klecks Sambal-Creme geben, alles mit Sesam und Schnittlauch bestreuen.

Für 4 Portionen

400 g gekochtes Kalbfleisch
200 g Chinakohl
200 g Bambussprossen (aus der Dose)
100 g Zuckerschoten
2 EL Sonnenblumenöl
1/2 TL Sesamöl
2–3 EL Reisessig
2 EL Sojasauce
1–2 Prisen brauner Zucker
1 Stück frische Ingwerwurzel (3 cm lang)
1 Zitronengrasstaude
Salz
2 EL Sesamsamen
1/2 Bund Schnittlauch
2 EL Crème fraîche
1 TL Sambal Oelek

Pro Portion

270 kcal, 24 g Eiweiß, 17 g Fett, 5 g Kohlenhydrate

Zubereitungszeit: 30 Minuten

Zitronengras vorbereiten

1 Von einer Zitronengrasstaude die äußeren, holzigen Schichten abtrennen und mitsamt dem Wurzelansatz entfernen.

2 Die holzigen Enden der Halme ebenfalls abschneiden, sie sind ungenießbar. Zitronengrasstaude waschen und mit Küchenpapier trockentupfen.

3 Die zarten, saftigen Innenteile quer in feine Streifen schneiden oder fein hacken. Wer sie noch feiner mag, kann sie im Mörser zu einer Art Paste zerreiben.

Bunter Schinkensalat mit Gemüse

Für 4 Portionen

200 g TK-Erbsen
Salz
250 g gekochter Räucherschinken (z. B. Farmerschinken), in 1 cm dicke Scheiben geschnitten
2 Möhren
2 kleine Gärtnergurken
2 Fleischtomaten
3 EL Mayonnaise
150 g säuerlicher Joghurt
2–3 EL Zitronensaft
1/2 TL milder Senf
schwarzer Pfeffer aus der Mühle
1–2 Prisen Zucker
100 g eingelegte Silberzwiebeln
1 Handvoll Feldsalat
1/2 Kästchen Gartenkresse

Pro Portion

280 kcal, 19 g Eiweiß,
15 g Fett, 15 g Kohlenhydrate
Zubereitungszeit: 25 Minuten

1 Die Erbsen in leicht gesalzenem, kochendem Wasser 7 Minuten garen, dann abgießen und das Kochwasser dabei auffangen. Die Erbsen abkühlen lassen. Den Schinken vom Fettrand befreien und in 1 cm große Würfel schneiden.

2 Die Möhren putzen, waschen, schälen und grob raspeln. Die Gurken waschen, längs vierteln und in kleine Stücke schneiden. Die Tomaten halbieren, ohne Stielansätze und Kerne würfeln.

3 Für das Dressing Mayonnaise, Joghurt, 2 EL Zitronensaft, 3 EL Erbsenkochflüssigkeit, Senf, Salz, Pfeffer und Zucker in eine große Schüssel geben und cremig aufschlagen. Die Silberzwiebeln abtropfen lassen, halbieren und zum Dressing geben.

4 Alle vorbereiteten Salatzutaten in die Schüssel geben und gut untermischen. Mit Salz, Pfeffer, Zitronensaft und Zucker abschmecken. Den Feldsalat putzen, waschen und trockenschwenken, dann in mundgerechte Büschel teilen. Den Schinkensalat auf vier Portionstellern anrichten, mit dem Feldsalat und der Kresse garnieren.

Der besondere Tipp:

Lecker schmeckt dieser Salat auch auf einem Sandwich, z. B. als Pausenbrot. Dafür eine Sandwichbrotscheibe buttern, mit einem Salatblatt belegen und den Salat darauf verteilen. Mit einer zweiten Brotscheibe abdecken, das Sandwich fest in Frischhaltefolie verpacken.

Schinkensalat
mit Möhren, Lauch und Sellerie

250 g mageren gekochten Schinken in Würfel schneiden. 3 Möhren und 250 g Knollensellerie schälen und grob raspeln. 1 dünne Stange Lauch längs halbieren, putzen und waschen, in schmale Streifen schneiden. 4 Cornichons sehr klein würfeln. 100 g Schlagsahne, 3 EL Crème fraîche, Salz, schwarzen Pfeffer, 2 EL Weißweinessig und 1 EL Rapsöl in einer Schüssel zu einem cremigen Dressing verrühren. Die vorbereiteten Salatzutaten und 150 g Maiskörner aus der Dose zugeben. Alles unterrühren, abschmecken und mit 2 EL gehackter Petersilie bestreuen. Sofort servieren oder den Salat zugedeckt 1–2 Stunden durchziehen lassen.

Würstchensalat
mit Schnittlauch-Vinaigrette

Für 4 Portionen
1 orangene und 1 rote Paprikaschote
200 g Maiskörner (aus der Dose)
8 Cornichons
3 festkochende Pellkartoffeln vom Vortag
6 Wiener Würstchen
2 dicke Scheiben mittelalter Gouda
1–2 EL Weißweinessig
2 EL Cornichons-Sud
2 EL Sonnenblumenöl
100 g Schlagsahne
1 Prise Zucker
Salz
schwarzer Pfeffer aus der Mühle
1/4 TL edelsüßes Paprikapulver
1 Bund Schnittlauch

Pro Portion
520 kcal, 20 g Eiweiß,
37 g Fett, 24 g Kohlenhydrate
Zubereitungszeit: 35 Minuten
plus Marinierzeit: 1 Stunde

1 Die Paprikaschoten halbieren, putzen und waschen; in kleine Würfel schneiden. Paprikawürfel und Maiskörner in eine Schüssel geben. Die Cornichons in dünne Scheiben schneiden. Die Kartoffeln pellen und klein würfeln.

2 Die Würstchen in dünne Scheiben schneiden. Den Käse entrinden und in Streifen schneiden. Alles zu den Paprikawürfeln und den Maiskörnern in die Schüssel geben und vermischen.

3 In eine Schüssel 1 EL Essig, Cornichons-Sud und Öl geben, mit einem Schneebesen kräftig aufschlagen. Die Sahne unterrühren, das Dressing mit Zucker, Salz, Pfeffer und Paprikapulver würzen. Über die Salatzutaten gießen und alles vermischen. Den Salat zugedeckt 1 Stunde kühl stellen und durchziehen lassen.

4 Den Schnittlauch waschen, trockenschütteln und in feine Röllchen schneiden. Den Salat mit Salz, Pfeffer und Essig abschmecken. Mit dem Schnittlauch bestreuen und servieren.

Der praktische Tipp:
Anstelle von Pellkartoffeln können Sie gekochte Nudeln oder gegarte Getreidekörner wie Reis, Weizen oder Grünkern nehmen. Fett lässt sich einsparen, indem Sie Putenwiener in den Salat mischen.

Geflügelwiener-Salat
mit Kartoffeln und Radieschen

500 g festkochende Pellkartoffeln vom Vortag pellen und in Würfel schneiden. 1 weiße Zwiebel abziehen und in dünne Ringe schneiden. 2 Bund Radieschen putzen, waschen und vierteln. Mit den Kartoffeln und den Zwiebeln in einer Schüssel vermengen. 6 Truthahn- oder Geflügelwiener in Scheiben schneiden und unter die anderen Zutaten in der Schüssel mischen. Eine Marinade aus 3 EL Balsamico bianco, 3 EL Sonnenblumenöl, 1 TL körnigem Senf, Salz und Pfeffer rühren; unter den Salat mischen. 1/2 Bund Petersilie waschen und trockenschütteln, die Blätter fein hacken. Petersilie unter den Salat mischen und alles sofort servieren.

Spargel schälen
1 Weiße oder grüne Spargelstangen waschen und die Enden abschneiden.

2 Mit dem Sparschäler die weißen Spargelstangen von oben, kurz unterhalb der Spargelköpfe, bis nach unten hin schälen. Dabei im oberen Teil die Schale hauchdünn, im unteren Teil dicker ablösen.

3 Grüner Spargel ist weniger holzig. Wenn überhaupt, diese Spargelstangen nur ab der unteren Hälfte dünn abschälen.

Schinkensalat mit Spargel und Kerbel

1 Den Spargel waschen, putzen, schälen und in 8 cm lange Stücke schneiden. Die Zitrone waschen und eine Hälfte in dünne Scheiben schneiden. Die andere Hälfte auspressen, Saft beiseitestellen.

2 Reichlich Wasser mit einer Prise Salz, dem Zucker und den Zitronenscheiben aufkochen und den Spargel darin in 18–20 Minuten garen. Spargel abgießen und abkühlen lassen. Die Eier in Wasser hart kochen, dann kalt abschrecken und abkühlen lassen.

3 Beide Schinkensorten vom Fettrand befreien und in 4 cm lange schmale Streifen schneiden. Die Salatherzen putzen, waschen, trockenschwenken und in große Stücke teilen. Den Kerbel falls nötig waschen und trockenschütteln, dann fein hacken.

4 Die Salatblätter auf einer großen Platte oder Portionstellern auslegen. Für das Dressing Mayonnaise, Joghurt, 1 EL Zitronensaft und Öl in eine große Schüssel geben. Eine Prise Kräutersalz, Pfeffer und Kerbel zugeben und alles mit einem Schneebesen cremig rühren.

5 Schinken und Spargel zum Dressing geben, untermischen. Mit Kräutersalz, Pfeffer und Zitronensaft abschmecken. Eier pellen und achteln. Den Salat auf den Salatblättern anrichten und mit den Eierachteln garnieren. Gut dazu passt getoastetes Weißbrot.

Für 4 Portionen

500 g weißer oder grüner Spargel
1 unbehandelte Zitrone
Salz
1 TL Zucker
2 Eier
150 g roher, mild geräucherter Schinken am Stück
200 g gekochter Schinken am Stück
2 Salatherzen
2 Handvoll frischer Kerbel
3 EL Salatmayonnaise
150 g Joghurt
1 EL Maiskeimöl
Kräutersalz
schwarzer Pfeffer aus der Mühle

Pro Portion

285 kcal, 15 g Eiweiß, 20 g Fett, 10 g Kohlenhydrate

Zubereitungszeit: 40 Minuten

Der praktische Tipp:

Spargelfans wissen es schon lange: Wer auch außerhalb der Spargelsaison nicht auf den Genuss der köstlichen Stangen verzichten will, friert sich einen Vorrat roher, geschälter Spargelstangen ein.

Mariniertes Pastrami
mit Artischocken und Tomaten

Für 4 Portionen
300 g Pastrami, dünn aufgeschnitten
2 EL Zitronensaft
1 EL Balsamico bianco
4 EL bestes Olivenöl
Salz
schwarzer Pfeffer aus der Mühle
6 Artischockenherzen, in Essigsud eingelegt
100 g Rucola
1 rote Zwiebel
3 vollreife Eiertomaten

Pro Portion
290 kcal, 20 g Eiweiß,
12 g Fett, 19 g Kohlenhydrate
Zubereitungszeit: 35 Minuten
plus Marinierzeit: 1 Stunde

Pastrami
So heißt eine mit gemahlenem Kreuzkümmel und vielen anderen Gewürzen eingeriebene, gegarte Rinderlende, die hauchdünn aufgeschnitten wird. Das würzige Fleisch gibt es im Feinkostgeschäft oder an der Wurst- und Schinkentheke eines sehr gut sortierten Supermarkts. Die Türken kennen eine ähnliche Delikatesse, Pastirma. Sie besteht ebenfalls aus kräftig gewürztem Rindfleisch, das jedoch gedörrt wurde. Pastirma gibt es im gut sortierten türkischen Lebensmittelgeschäft.

1 Die Pastramischeiben locker auseinandernehmen und auf eine Platte häufen. Zitronensaft, Balsamico bianco und Olivenöl in eine kleine Schüssel geben und kräftig aufschlagen.

2 Die Vinaigrette mit Salz und Pfeffer würzen, die Hälfte davon über die Pastramischeiben träufeln. Pastrami zudecken und 1 Stunde kalt stellen.

3 Die Artischockenherzen abtropfen lassen und vierteln. Rucola waschen und trockenschütteln, die Stiele abschneiden. Rucolablätter auf Portionstellern auslegen. Die Zwiebel abziehen und in dünne Ringe hobeln. Zwiebelringe und Artischockenviertel auf dem Rucola anrichten.

4 Die Tomaten waschen und halbieren. Die Stielansätze herausschneiden und die Früchte in Scheiben schneiden. Diese zwischen die Zwiebelringe und die Artischockenviertel setzen, alles mit der restlichen Vinaigrette beträufeln.

5 Das marinierte Pastrami auf den Salatportionen anrichten. Gut dazu passt ofenwarmes Toskanabrot.

Der besondere Tipp:
Pastrami ist in den USA ein beliebter Sandwichbelag: Salatblatt auf eine Sandwichbrotscheibe legen, darauf Pastrami, Tomaten- und Gurkenscheibe und Mayonnaise geben, das Ganze zusammenklappen.

Mariniertes Pastrami auf Kartoffelcarpaccio

300 g Pastrami wie im Hauptrezept beschrieben marinieren. 4 große Pellkartoffeln vom Vortag pellen und in dünne Scheiben schneiden. Die Kartoffelscheiben dachziegelartig auf vier Portionstellern oder einer Platte auslegen. Mit grob gemahlenem schwarzem Pfeffer, je einer guten Messerspitze Kreuzkümmel- und Paprikapulver und Salz bestreuen und insgesamt 2 EL bestes Olivenöl darüberträufeln. 12 Cocktailtomaten waschen, die Stielansätze entfernen und die Tomaten vierteln. Mit dem marinierten Pastrami auf den Kartoffeln anrichten. Gut dazu passt Baguette.

Solo oder als Beilage:

Salate mit Nudeln und Reis

Nudel- und Reissalate mit knackigem Gemüse, frischen Kräutern und saftigem Obst sind passende Beilagen zu Gegrilltem und genauso beliebt als kleine Mahlzeiten an heißen Tagen. Sie lassen sich gut vorbereiten – die meisten schmecken durchgezogen sowieso am besten. In diesem Kapitel finden Sie neue Rezepte für den allseits geschätzten Nudelsalat, eine Kräutervariante zum südfranzösischen Tabouleh sowie andere köstliche Anregungen für die warme Jahreszeit.

Reis

Paellareis, türkischer Pilawreis oder italienischer Risottoreis zählen zum Rundkornreis. Sie werden beim Garen klebrig und weich. Duftender Basmatireis, parboiled Reis, Patnareis und ungeschälter Reis werden beim Garen eher körnig. Geschälte Sorten garen in 20–25, ungeschälte in 35–50 Minuten. Reis harmoniert in Salaten mit Gemüse- und Blattsalaten, aber auch mit Schinken, Schafskäse und Wurst.

Grünkern

Wird Dinkel geerntet, so lange die Körner noch grün, aber schon voll entwickelt sind, spricht man von Grünkern. Gebrauchsfertig wird dieser erst durch das Darren, das Trocknen bei etwa 110 °C. Grünkern 40–60 Minuten in Wasser oder Brühe gekocht, schmeckt sehr würzig und ist fest im Biss. Grünkernsalate schmecken gut mit herzhaftem Gemüse, Kräutern und würzigen Marinaden, aber auch mit kräftigem Käse und geräuchertem Fleisch.

Couscous

Der zu kleinen Kügelchen geschrotete, vorgegarte Weizen ist aus der Küche Nordafrikas nicht wegzudenken. Die Zubereitung von echtem Couscous ist sehr zeitaufwändig. Bei uns bekommt man hauptsächlich Instant-Couscous. Er muss nicht gekocht, sondern zum Quellen nur mit heißem Wasser übergossen werden. Instant-Couscous gibt es im gut sortierten Supermarkt, beim türkischen Lebensmittelhändler oder im Bioladen. Couscous passt am besten in mediterrane Salate.

Bulgur

Hierfür werden Weizenkörner gekocht, getrocknet, geschält und geschrotet. Bulgur schmeckt nussig und herzhaft. Fein geschroteter Bulgur muss nicht gegart werden, wenn man ihn etwa 4 Stunden mit kaltem Wasser bedeckt und einweichen lässt. Grob geschroteter Bulgur wird wie Reis gegart. Bulgur schmeckt am besten mit Tomaten, gegartem Gemüse, Zwiebeln, Romanasalat, Olivenöl und Zitronensaft.

Nudeln, Reis und Körner auf einen Blick

Getreide als ganzes Korn, in Form von Mehl und daraus hergestellte Getreideprodukte dienen seit jeher Menschen als Grundnahrungsmittel. Denn Körner, Reis und Nudeln vertragen lange Lagerzeiten, sind preiswert, stecken voll wertvoller Nährstoffe und sind deshalb überaus gesund. Ihre ungebrochene Beliebtheit auf den Speiseplänen dieser Welt verdanken die unterschiedlichen Mehle und Körner ihren vielfältigen Zubereitungsmöglichkeiten. Wie man Getreideprodukte am besten lagert, woran man frische Ware erkennt und wie man Körner und Co. am besten gart, erfahren Sie hier.

Einkauf

Frisches Getreide erkennt man an trockenen, prallen und gleichmäßig gefärbten Körnern. Sie duften neutral bis leicht süßlich. Schleicht sich ein ranziger Geruch ein, sind die Körner bereits überlagert und sollten nicht mehr verwendet werden. Getreide wie Weizen, Gerstengraupen, Hirse, Quinoa oder ähnliches bekommt man in reicher Auswahl im Bioladen oder im Reformhaus. Basmatireis und Duftreis werden besonders günstig im asiatischen Lebensmittelgeschäft, Bulgur und Couscous beim türkischen Lebensmittelhändler angeboten. Ausgefallene Nudelsorten und andere Pasta gibt es im italienischen Feinkostgeschäft. Beim Kauf sollten Sie stets auf das angegebene Mindesthaltbarkeitsdatum (MHD) achten! Ganze Körner sollten vom Kaufdatum an mindestens noch 1 Jahr haltbar sein, Bulgur, Couscous und Co. knapp 1 Jahr.

Gesundes Garen

Besonders harte Getreidekörner wie ungeschälten Reis, Weizenkörner oder Grünkern sollte man am besten über Nacht in kaltem Wasser vorquellen. Weißen Reis, Bulgur, Quinoa oder Gerstengraupen können dagegen in Wasser, Brühe oder anderer Garflüssigkeit im Ver-

Nudeln

In unendlich vielen verschiedenen Formen und Arten kommen sie bei uns auf den Tisch. Vor allem Nudeln ohne Ei, aus Hartweizengrieß oder Vollkornmehl hergestellt, bilden eine gute Basis für köstliche, sättigende Salate. Sie behalten nach dem Kochen ihre Form. Für Salate Nudeln nach dem Garen sofort abgießen und kalt abschrecken, damit sie nicht nachgaren und zusammenkleben. Alle Nudeln nehmen Dressings mühelos auf und harmonieren mit allen nur denkbaren Zutaten.

Quinoa

Auch Reismelde genannt; stammt ursprünglich aus den südamerikanischen Anden. Die kleinen runden Körner enthalten viele wertvolle Nährstoffe. Sie können wie Reis gekocht werden und schmecken leicht grasartig. Als Salat verarbeitet, munden gekochte Quinoakörner am besten mit einer Vinaigrette und grünen Gemüsen, aber auch mit Paprika, Mais und Schinken. Quinoa ist glutenfrei.

Hirse

Die kleinen gelben runden Körner werden geschält und wie Reis, jedoch mit etwas mehr Wasser gekocht. Beim Garen werden die Körnchen recht weich, behalten aber etwas Biss im Inneren. Hirse ist reich an Kieselsäure und glutenfrei. Gekochte Hirse hat einen milden Eigengeschmack und harmoniert in Salaten mit scharfen, würzigen Zutaten wie Curry und Chutneys, mit säuerlichem Joghurt, Limettensaft und Olivenöl sowie mit in Streifen geschnittenem Blattsalat.

Gerstengraupen

Polierte Gerstenkörner heißen Graupen. In Brühe gegart, schmecken sie köstlich im Salat. Die Garzeiten variieren von Sorte zu Sorte: Nackt- oder Sprießkorngerste und Perlgraupen garen in 25–30 Minuten, Rollgerste oder Graupen muss man über Nacht einweichen und anschließend etwa 1 Stunde garen. Graupen schmecken gut mit Blattsalaten, grünen Bohnen, Frühlingsgemüse und Kräutern.

hältnis 1 : 2 ohne vorheriges Einweichen gegart werden. Etwas mehr Flüssigkeit brauchen Hirse, Grünkern und ungeschälter Reis – auch bei ihnen entfällt das Einweichen. Am schonendsten gart Getreide, indem man das Wasser oder die Brühe aufkocht und das Getreide nach und nach einrührt. Dann alles einmal aufkochen; zugedeckt bei schwächster Hitze in 20–60 Minuten ausquellen lassen.
Die Garzeiten sind je nach Getreide, Lagerungszeit und Trocknungsgrad unterschiedlich. Die gegarten Getreidekörner stets im offenen Topf ausdampfen lassen, damit sie nicht aneinanderkleben. Ganz wichtig: Getreide während des Garprozesses nicht umrühren, dadurch würde es klebrig und matschig und setzt zudem am Topfboden an. Die Körner sollen nach dem Garen bissfest sein, also außen weich mit einem harten Kern.

Wie viel pro Person?

Als Faustregel gilt: 200 g ungekochte(r) Reis, Bulgur, Hirse, Gerstengraupen oder Quinoa ergeben etwa 4 Portionen gegartes Getreide. Bei Nudeln rechnet man je nach Sauce und Beilage für 4 Portionen 300–500 g Trockenware. Für Salate variiert die Menge, je nachdem, wie viele andere Zutaten noch verwendet werden.

Zu Hause aufbewahren

Getreide, Reis und Nudeln in fest verschließbaren Behältern an einem kühlen, trockenen Ort aufbewahren. So halten sich die Getreideprodukte entsprechend dem angegebenen Mindesthaltbarkeitsdatum. Das aufgedruckte Haltbarkeitsdatum am besten aus der Packung schneiden und mit Klebefilm auf dem Behälter befestigen. Ungespritztes Biogetreide lockt leider häufig Lebensmittelmotten an. Diese wird man schnell und ganz ohne Gift mit speziellen Fallen los.

Inhaltsstoffe

Im vollen (ungeschälten) Korn stecken fast alle lebenswichtigen Nährstoffe: wertvolle Kohlenhydrate, hochwertiges Eiweiß, mehrfach ungesättigte Fettsäuren, B-Vitamine, Vitamin E und wichtige Mineralstoffe sowie reichlich Ballaststoffe.
Eine gesunde Alternative zu Vollkornreis bzw. -weizen sind so genannte parboiled Körner. Mit einem speziellen Hochdruckverfahren werden die wertvollen Inhaltsstoffe von den Randschichten ins Innere der Körner gedrückt. Erst danach werden die Körner geschält.

Bandnudelsalat
mit Möhren und Mango

Für 4 Portionen

300 g breite Bandnudeln
Salz
4 große Möhren
3 EL Sonnenblumenöl
1 TL brauner Zucker
1 TL Ingwerpulver
1/2 TL Zitronengraspulver
100 ml Gemüsebrühe
1 reife Mango
200 g säuerlicher Joghurt
3 EL Orangensaft
1 unbehandelte Zitrone
schwarzer Pfeffer aus der Mühle
2 EL Kürbiskerne

Pro Portion

520 kcal, 15 g Eiweiß,
18 g Fett, 71 g Kohlenhydrate
Zubereitungszeit: 40 Minuten

1 Die Bandnudeln in reichlich leicht gesalzenem Wasser nach Packungsanleitung bissfest garen. Dann abgießen, kalt abschrecken, abtropfen und abkühlen lassen. Die Möhren putzen, waschen und mit dem Sparschäler oder einem scharfen Messer längs in breite, dünne Streifen schneiden.

2 In einer beschichteten Pfanne 2 EL Öl erhitzen und die Möhrenstreifen darin rundum anbraten. Den Zucker darüberstreuen und leicht karamellisieren lassen. Ingwer- und Zitronengraspulver darüberstreuen und unterrühren.

3 Die Brühe angießen und die Möhrenstreifen in 4–5 Minuten bissfest garen. Vom Herd nehmen und abkühlen lassen.

4 Die Mango schälen und das Fruchtfleisch in Würfeln vom Stein schneiden, den austretenden Saft dabei auffangen.

5 Für das Dressing Joghurt, 1 EL Öl, Mango- und Orangensaft in eine Schüssel geben. Die Zitrone gründlich waschen und trockenreiben. Die Schale von einer Hälfte in dünnen Streifen abschneiden und beiseite legen. Beide Hälften auspressen. 2 EL Zitronensaft, Salz und Pfeffer zu den übrigen Dressingzutaten geben und alles verrühren.

6 Nudeln, Möhren und Mango vorsichtig mischen; in Portionsschalen anrichten. Dressing in Klecksen auf die Salatportionen geben, mit Kürbiskernen und Zitronenschale bestreuen. Salat sofort servieren.

Mango würfeln

1 Die Mango rundum dünn abschälen und den Stielansatz entfernen. Am besten auf einem Brett mit Saftrinne schneiden, um den Saft aufzufangen.

2 Die Mango an einer flachen Seite mehrmals im Abstand von etwa 1,5 cm quer, dann längs bis zum Stein so einschneiden, dass ein Karomuster entsteht.

3 Dann am Stein so entlang schneiden, dass sich das Fruchtfleisch in Würfeln vom Stein löst. Die andere flache Seite ebenso einschneiden.

Bandnudelnester mit Gemüsetatar

300 g Bandnudeln wie im Hauptrezept beschrieben garen und abtropfen lassen. Aus 2 EL Olivenöl, 2 EL Sherryessig, 1 EL Zitronensaft, Salz und Pfeffer eine Vinaigrette rühren. Mit den Nudeln in eine Schüssel geben, mischen und abkühlen lassen. Die Bandnudeln abschmecken und portionsweise mit einer Gabel entnehmen, auf Teller setzen und zu Nestern aufdrehen. Auf diese Art auf jeden Teller drei Nester setzen. Für das Gemüsetatar je 1 rote und grüne Paprikaschote, 1 Gärtnergurke und 2 Tomaten putzen, waschen und sehr klein würfeln. 1 rote Zwiebel und 1 Knoblauchzehe abziehen und ebenfalls fein würfeln. Gemüse in eine Schüssel geben. 4 EL Crème fraîche, 1 EL Zitronensaft, Salz, schwarzen Pfeffer und 1 TL getrockneten Oregano unterrühren. Das Gemüsetatar auf die Nudelnester geben, mit 2 EL geriebenem Schafskäse bestreuen und mit Basilikumblättern garnieren. Die Bandnudelnester sofort servieren.

Nudelsalat mit getrockneten Tomaten

400 g Rädchennudeln in einem Topf in reichlich Salzwasser garen. Abgießen und abkühlen lassen. 60 g getrocknete, in Öl eingelegte Tomaten abtropfen lassen und in kleine Stücke schneiden. 250 g eingelegte Artischockenherzen in Stücke schneiden. 250 g bissfest gegarten Brokkoli in Röschen teilen. 150 g Parmaschinken vom Fettrand befreien und in Streifen schneiden. Rädchenudeln, getrocknete Tomaten, Artischocken, Brokkoli und Schinken in eine Schüssel geben und vermischen. Für die Vinaigrette 3 EL Olivenöl, 2–3 EL Aceto balsamico, Salz, schwarzen Pfeffer und 1 EL fein gehackten frischen Oregano verrühren. Zu den Salatzutaten geben und untermischen. 150 g schnittfesten Ricotta würfeln und über den Salat streuen.

Grüner Nudelsalat italienische Art

1 Die Bandnudeln in einem Topf in reichlich Salzwasser bissfest garen. Abgießen und abtropfen lassen. Cocktailtomaten, Gurken und Rucola waschen. Tomaten halbieren, Gurken längs teilen und in Scheiben schneiden. Den Rucola von den harten Stielen befreien und in mundgerechte Stücke schneiden.

2 Die Zwiebel abziehen, halbieren und in dünne Streifen schneiden. Tomaten, Gurken, Rucola, Zwiebeln und Bandnudeln in eine große Schüssel geben und vermischen. Die Mozzarellakugeln abtropfen lassen und vorsichtig unter den Salat heben.

3 Für die Pestosauce das Basilikum trocken abreiben, die Blätter grob hacken. Die Knoblauchzehe abziehen, ebenfalls grob hacken. Basilikum, Knoblauch, Pinienkerne und Pecorino in einen Blitzhacker geben und fein zerkleinern. Alles in eine kleine Schüssel füllen.

4 Olivenöl, Zitronensaft, Brühe oder 2 EL Wasser, Salz und Pfeffer unter die Basilikummischung rühren, zum Salat geben. Alles untermischen und abschmecken. In Portionsschüsseln füllen, mit Oliven garnieren und servieren.

Der praktische Tipp:

Garnieren Sie den Salat einmal so: Oliven und Mini-Mozzarella-Kugeln mit jeweils einer halben Cocktailtomate auf ein Holzspießchen stecken. Auf jede Salatportion ein oder zwei solcher Spießchen legen.

Für 4 Portionen

400 g grüne Bandnudeln
Salz
250 g Cocktailtomaten
2 kleine Gärtnergurken
1 Bund Rucola
1 rote Zwiebel
200 g Mini-Mozzarellakugeln
1 Bund Basilikum
1 Knoblauchzehe
1 EL Pinienkerne
40 g geriebener mittelalter Pecorino
6 EL Olivenöl
3 EL Zitronensaft
2 EL Gemüsebrühe
schwarzer Pfeffer aus der Mühle
schwarze Oliven zum Garnieren

Pro Portion

750 kcal, 28 g Eiweiß,
37 g Fett, 75 g Kohlenhydrate

Zubereitungszeit: 40 Minuten

Tabouleh mit Petersilie und Minze

Für 4 Portionen
150 g feiner Bulgur oder Couscous
300 g aromatische Tomaten
3 kleine, feste Gurken
1/2 Bund Frühlingszwiebeln
2 große Bund glatte Petersilie (etwa 150 g)
1 Bund frische Minze
5–6 EL Zitronensaft
4 EL Olivenöl
Salz
schwarzer Pfeffer aus der Mühle
1 Romanasalatherz
Romanasalatblätter zum Anrichten
nach Belieben Kräuter und Tomatenviertel zum Garnieren

Pro Portion
300 kcal, 7 g Eiweiß,
13 g Fett, 38 g Kohlenhydrate
Zubereitungszeit: 35 Minuten
plus Einweichzeit: 4 Stunden
plus Marinierzeit: 30 Minuten

1 Bulgur oder Couscous in einer Schüssel mit kaltem Wasser bedecken und 4 Stunden quellen lassen.

2 Anschließend die Tomaten waschen und halbieren, die Stielansätze herausschneiden. Die Gurken waschen und putzen. Tomaten und Gurken klein würfeln. Frühlingszwiebeln putzen und waschen, in Ringe schneiden.

3 Petersilie und Minze waschen und trockenschütteln, die Blättchen fein hacken. Das Getreide in einem feinen Sieb gut abtropfen lassen, dann in eine große Schüssel füllen.

4 Alle vorbereiteten Zutaten miteinander vermischen. Zitronensaft mit Olivenöl, Salz und Pfeffer verrühren. Über den Salat gießen, alles vermengen. Den Salat 30 Minuten durchziehen lassen.

5 Salatherz und Salatblätter waschen und trockenschleudern. Das Herz in Streifen schneiden, die Blätter auf einer großen Platte anrichten. Tabouleh mit Salz und Zitronensaft abschmecken, die Salatstreifen unterheben. Auf die Salatblätter verteilen. Nach Belieben mit Kräutern und Tomatenvierteln garnieren. Dazu passen ofenwarmes Fladenbrot und Feta.

Der praktische Tipp:

Bulgur und Couscous gibt es im Bioladen und im gut sortierten Supermarkt. Instant-Bulgur muss nur 30 Minuten einweichen, Instant-Couscous sogar nur 5 Minuten.

Glasnudelsalat süß-sauer

Für 4 Portionen
200 g Glasnudeln
250 g frische Shiitake-Pilze
1 Knoblauchzehe
200 g Chinakohl
2 Möhren
1 rote Chilischote
3 cm frische Ingwerwurzel
3 EL Sonnenblumenöl
2 EL Sojasauce
1 EL Reisessig
1 EL Limettensaft
Salz
schwarzer Pfeffer aus der Mühle
2 TL brauner Zucker

Pro Portion
325 kcal, 9 g Eiweiß,
11 g Fett, 48 g Kohlenhydrate
Zubereitungszeit: 30 Minuten

1 Die Glasnudeln mit kochendem Wasser übergießen und 10 Minuten quellen lassen. Die Shiitake-Pilze mit Küchenpapier säubern, die Stiele entfernen und die Pilzhüte in Scheiben schneiden. Knoblauchzehe abziehen und fein hacken.

2 Den Chinakohl putzen, waschen und abtropfen lassen. Die Blätter in schmale Streifen schneiden. Die Möhren putzen, waschen und schälen, dann in feine Streifen schneiden. Die Chilischote halbieren, putzen, waschen und ebenfalls in feine Streifen schneiden. Die Ingwerwurzel schälen und hacken. Die Nudeln abgießen, abtropfen lassen und in kürzere Abschnitte schneiden.

3 Chinakohl, Möhren und Nudeln in einer Schüssel mischen. Das Öl in einer Pfanne erhitzen, die Pilze darin anbraten. Knoblauch und Ingwer zugeben und 3 Minuten mitbraten. Mit Sojasauce und Reisessig ablöschen, vom Herd nehmen. Den Sud mit Limettensaft, Salz, Pfeffer und braunem Zucker abschmecken. Abkühlen lassen.

4 Den Sud mit den Pilzen über die restlichen Salatzutaten gießen und untermischen. Alles mit Salz, Pfeffer und Essig abschmecken. In Portionsschälchen anrichten. Mit Chilistreifen bestreuen und servieren.

Möhren in sehr feine Streifen (Julienne) schneiden
1 Zuerst die Möhren je nach Größe mit einem scharfen Messer einmal quer halbieren. Dann der Länge nach in dünne Scheiben schneiden.

2 Jeweils 2–3 Möhrenscheiben übereinander legen und längs in streichholzdünne Streifen schneiden.

Der besondere Tipp:

Glasnudeln darf man niemals kochen, sondern immer nur in heißem Wasser ziehen lassen. Erst wenn sie weich sind, lassen sie sich mit einer Küchenschere problemlos in kürzere Abschnitte schneiden. Glasnudeln gibt es in gut sortierten Supermärkten.

Exotischer Reissalat mit Ananas

Für 4 Portionen
200 g Basmatireis
Salz
300 g Ananas (aus der Dose)
300 g kleine Champignons
4 Stangen Sellerie
2 Frühlingszwiebeln
100 g Crème fraîche
50 ml Milch
2 EL Himbeeressig
1 EL Sonnenblumenöl
1/4 TL Ingwerpulver
1 TL mildes Currypulver
1 Messerspitze Sambal Oelek
4–6 große Chinakohlblätter

Pro Portion
380 kcal, 8 g Eiweiß,
12 g Fett, 59 g Kohlenhydrate
Zubereitungszeit: 25 Minuten
plus Garzeit: 20–25 Minuten
plus Abkühlzeit: 30–50 Minuten

Der praktische Tipp:
Wer frische Ananas nimmt, muss die Stückchen in 150 ml trockenem Weißwein oder Wasser mit Zitronensaft 2 Minuten dünsten. So wird das milchhaltige Dressing durch die Ananas nicht bitter.

1 Den Reis mit 400 ml Wasser und 1/2 TL Salz in einen Topf geben. Alles aufkochen und den Reis bei schwacher Hitze halb zugedeckt 20–25 Minuten garen. Den gegarten Reis offen ausdampfen und 30–50 Minuten abkühlen lassen, dabei gelegentlich mit einer Gabel auflockern.

2 Ananas aus der Dose abtropfen lassen und eventuell in Stücke schneiden. Die Champignons falls nötig mit Küchenpapier trocken abreiben; die Stielenden abschneiden. Die Pilze je nach Größe vierteln oder in Stücke schneiden.

3 Den Stangensellerie waschen, putzen und in schmale Streifen schneiden. Einige Blätter Selleriegrün aufbewahren. Die Frühlingszwiebeln putzen, waschen und in dünne Ringe schneiden, einige grüne Zwiebelringe zum Garnieren beiseite legen. Reis, Ananas und Gemüse in eine große Schüssel geben und vermengen.

4 Für das Dressing Crème fraîche, Milch, Himbeeressig, Öl, Salz, Ingwer, Curry und Sambal Oelek in eine Schüssel geben und cremig aufschlagen. Über die Salatzutaten gießen und untermischen.

5 Die Chinakohlblätter waschen, trockenschwenken und in Streifen schneiden. Die Portionsteller damit auslegen. Den Reissalat auf den Blättern anrichten. Mit Selleriеblättchen und Zwiebelringen garnieren und sofort servieren.

Für 4 Portionen

200 g brauner Reis, Salz
300 g Mini-Auberginen oder
große Auberginen, 1 Knoblauchzehe
5 EL Olivenöl
3 Fleischtomaten
4 Zweige frische Minze
100 g Kalamata-Oliven
150 g Feta (griechischer Schafskäse)
2 EL Ayvar (Paprikapaste aus dem Glas)
2–3 EL Zitronensaft
schwarzer Pfeffer aus der Mühle
1/2–1 TL Plättchenpaprika
2 Romanasalatherzen

Pro Portion

415 kcal, 11 g Eiweiß,
31 g Fett, 22 g Kohlenhydrate

Zubereitungszeit: 35 Minuten
plus Einweichzeit: 12 Stunden
plus Garzeit: 40–45 Minuten
plus Abkühlzeit: 30–50 Minuten

Auberginen-Reissalat mit Oliven und Schafskäse

1 Den Reis, 450 ml Wasser und 1/2 TL Salz in einen Topf geben. Zugedeckt über Nacht quellen lassen. Den Reis anschließend offen aufkochen, dann halb zugedeckt bei schwacher Hitze 40–45 Minuten garen. Ausdampfen und 30–50 Minuten abkühlen lassen, dabei gelegentlich mit einer Gabel auflockern.

2 Die Auberginen waschen und putzen. Kleine Auberginen ganz lassen, große in Würfel schneiden. Knoblauch abziehen und in Scheiben schneiden. In einer beschichteten Pfanne 3 EL Olivenöl erhitzen. Die Auberginen darin rundum etwa 10 Minuten braten und garen.

3 Die Knoblauchscheiben zu den Auberginen in die Pfanne geben und 2 Minuten mitbraten, dabei nicht braun werden lassen. Die Pfanne vom Herd nehmen, das Gemüse mit Salz bestreuen, dann abkühlen lassen.

4 Die Tomaten waschen und halbieren. Die Stielansätze und die Kerne entfernen und das Fruchtfleisch würfeln. Die Minze waschen und trockenschütteln, die Blätter fein hacken. Die Oliven abtropfen lassen, den Schafskäse in 1 cm große Würfel schneiden.

5 Ayvar, 2 EL Zitronensaft, 2 EL Olivenöl, Salz, Pfeffer, Plättchenpaprika und Minze in eine große Schüssel geben, alles verrühren. Den gegarten Reis und die Tomaten zugeben und untermischen.

6 Die Romanasalatherzen putzen, waschen, trockenschleudern und in Streifen schneiden. Die Salatstreifen auf einer Platte oder Portionstellern auslegen. Den Salat mit Salz, Pfeffer und Zitronensaft abschmecken und auf den Salatstreifen anrichten. Mit den Auberginen, den Oliven und den Schafskäsewürfeln garnieren, sofort servieren.

Reissalat mit Paprika und Sahnedressing

200 g Reis wie im Hauptrezept beschrieben zubereiten und abkühlen lassen. Je 1 rote, grüne und gelbe Paprikaschote halbieren, putzen, waschen und in Würfel schneiden. 1 rote Zwiebel abziehen und würfeln. 1 Knoblauchzehe abziehen und fein hacken. Alle vorbereiteten Salatzutaten in eine Schüssel geben und vermischen. 100 g Schlagsahne, 2 EL Crème fraîche, 2 EL Zitronensaft, 2 EL Ayvar, 1 EL Olivenöl, Salz und Pfeffer in eine Schüssel geben und cremig rühren. Dressing über die Salatzutaten gießen, untermischen. Den Salat mit je 50 g schwarzen und grünen Oliven bestreuen und servieren.

Nudelsalat mit Dicken Bohnen und Zucchini

300 g Schmetterlingsnudeln nach Packungsanleitung garen, dann abgießen, kalt abschrecken und abkühlen lassen. 2 Schalotten abziehen und klein würfeln. 2 Zucchini putzen, waschen und in Scheiben schneiden. 3 EL Olivenöl in einer beschichteten Pfanne erhitzen, die Schalotten darin glasig dünsten. Zucchini und 250 g frische oder tiefgekühlte Dicke Bohnen zugeben und unter Rühren andünsten. 100 ml Gemüsebrühe angießen und das Gemüse zugedeckt bei mittlerer Hitze 10 Minuten garen. Vom Herd nehmen und abkühlen lassen. Das Gemüse herzhaft mit Salz, Pfeffer, Cayennepfeffer, 2–3 EL Zitronensaft und 1 TL gemahlenem Kreuzkümmel würzen. Die Nudeln mit dem Gemüse in einer Schüssel mischen. Zugedeckt 1 Stunde kalt stellen. Den Salat mit Salz, Cayennepfeffer und Zitronensaft abschmecken. Mit gehackter Petersilie bestreuen.

Schmetterlingsnudelsalat mit Wachsbohnen

Für 4 Portionen
300 g Schmetterlingsnudeln
Salz
400 g frische Wachsbohnen
6 Zweige frisches Bohnenkraut
2 Schalotten
250 g gekochter Schinken am Stück
200 g saure Sahne
1 EL Rapsöl
1–2 EL Kräuteressig
schwarzer Pfeffer aus der Mühle
1/4 TL edelsüßes Paprikapulver
1/2 Bund Radieschen

Pro Portion
540 kcal, 24 g Eiweiß,
23 g Fett, 59 g Kohlenhydrate
Zubereitungszeit: 40 Minuten

Der praktische Tipp:

Statt frischer Wachsbohnen können Sie auch eingemachte aus dem Glas verwenden. Noch besser: frische Wachsbohnen im Sommer blanchieren und einfrieren.

1 Die Nudeln in reichlich leicht gesalzenem Wasser nach Packungsanleitung bissfest garen, dann abgießen, kalt abschrecken und gut abtropfen lassen.

2 Die Wachsbohnen waschen und putzen, dabei die Fäden abziehen. Lange Bohnen halbieren. Die Bohnen mit 3 Zweigen Bohnenkraut und 1/2 TL Salz in einen Topf geben. Etwa 150 ml Wasser angießen und die Bohnen zugedeckt in 12–15 Minuten bissfest garen. Im Sud abkühlen lassen.

3 Die Schalotten abziehen und in kleine Würfel schneiden. Den Schinken vom Fettrand befreien und in schmale Streifen schneiden. Das restliche Bohnenkraut waschen und trockentupfen, die Blätter von den Zweigen streifen und fein hacken. Die Bohnen abgießen, dabei das Kochwasser auffangen.

4 Die Nudeln, die Bohnen, die Schalotten und den Schinken in eine große Schüssel geben und vermengen. Für das Dressing saure Sahne, 2–3 EL Bohnenkochwasser, Rapsöl, 1 EL Kräuteressig, Salz, Pfeffer, Paprikapulver und Bohnenkraut in eine zweite Schüssel geben und cremig rühren.

5 Die Radieschen putzen, waschen und vierteln. Das Dressing über die Salatzutaten gießen und untermischen. Den Nudelsalat mit Salz, Pfeffer und Essig abschmecken. Auf Portionstellern oder -schalen anrichten, mit Radieschenvierteln garnieren.

Von herzhaft bis fein

Fische, Muscheln und Garnelen

Fische mit festem hellem Fleisch, Austern, Garnelen und anderes Meeresgetier spielen die Hauptrollen in diesem Kapitel. Beispielsweise als Salat mit süß-säuerlichen Zitrusfrüchten oder aromatischen Tomaten sowie dazu passenden, raffiniert gewürzten Vinaigretten. Wahlweise überzeugen Fisch und Meeresfrüchte als Grillspezialität auch denjenigen, der sie eher selten auf dem Speiseplan begehrt. Mit Sicherheit finden Sie hier die eine oder andere Rezept-Idee zum Ausprobieren und Genießen.

Hering und Matjes

Sauer eingelegter Hering oder in Salz eingelegte Matjesfilets brauchen nicht gegart zu werden. Sie schmecken pur, mit einem raffiniert gewürzten Dressing oder auch einer fruchtig säuerlichen Marinade. Grüne Heringe kann man gut grillen, am besten in einem Grillkorb.

Lachs

Frisches Lachsfilet eignet sich zum Dämpfen oder Braten. Zutaten wie Knoblauch, Zitrone, Dill und Petersilie passen besonders gut zu dem zartaromatischen Fisch. Geräucherter Lachs oder Graved Lachs kann ohne weiteres Garen auf bunten Blattsalaten angerichtet werden. Zum Grillen sollte Lachs in Alufolie gewickelt werden.

Garnelen

Vor allem tiefgefroren werden Garnelen küchenfertig zubereitet oder im Panzer angeboten. So sind sie deutlich preiswerter als Garnelen aus der Fischtheke. Rosafarbene Garnelen sind gegart, graue noch roh! Sehr preiswerte Garnelen könnten billig und schnell, möglicherweise unter Zugabe von Antibiotika und anderen Medikamenten, gezüchtet worden sein. Vorsicht bei häufigem Garnelenverzehr: Die Krustentiere sind reich an Cholesterin!

Kabeljau

Der beliebte Speisefisch eignet sich gut als Salatzutat. Sein Fleisch ist zart, fest und mager. Kabeljaufilet kann gebraten oder gedämpft werden; es schmeckt besonders aromatisch, wenn man das Filet vor oder nach dem Garen in einer Marinade aus Olivenöl, wenig Zitrone, Pfeffer und Koriander wendet. Grillen lässt sich Kabeljau besonders gut, wenn das Fleisch gewürfelt und dann auf Spieße gesteckt wird.

Fische, Muscheln und Garnelen auf einen Blick

Fisch und Meeresfrüchte verleihen Salaten eine besondere Note und sind auch vom Grill sehr beliebt. Dank der Vielfalt an Fischen, Muscheln, Garnelen und Co. sind die Zubereitungsmöglichkeiten sehr abwechslungsreich. Hier finden Sie die wichtigsten Tipps.

Einkauf

Fisch und Meeresfrüchte am besten frisch oder tiefgekühlt beim Fischhändler oder an der Fischtheke des gut sortierten Lebensmittelgeschäfts kaufen. Eine Garantie für Frische gibt es zwar nicht, doch kann man davon ausgehen, dass Geschäfte mit regem Zulauf auch einen dementsprechenden Warenumschlag haben. Einen sehr guten Fischhändler erkennen Sie daran, dass die Fische mit Eis bedeckt in seiner Theke liegen. Frische Fische und Meeresfrüchte sehen appetitlich aus und riechen nicht fischig, sondern eher nach Meerwasser. Typische Frischemerkmale: Bei ganzen Fischen liegen die Schuppen fest an und glänzen. Darüber hinaus hat frischer Fisch glänzende klare Augen. Frisches Fischfilet ist elastisch: Ein Fingerdruck darf keine Delle hinterlassen. Austern, Mies- und andere Muscheln werden lebend angeboten: Sie müssen geschlossen sein oder sich beim kräftigen Antippen mit dem Fingernagel schließen.

Wie viel ist eine Portion?

Für einen gehaltvollen Fisch- bzw. Meeresfrüchtesalat rechnet man 100–150 g Fisch bzw. ausgelöste Meeresfrüchte pro Person.

Thunfisch

Hauptsächlich als Konserve, in Öl oder Salzlake eingelegt, zählt dieser Fisch zu den Salat-Favoriten. Es muss nur die Flüssigkeit abgegossen werden, und der wohlschmeckende Fisch ist fertig für den Salat. Frischer Thunfisch lässt sich sehr gut grillen und eignet sich besonders gut für Grillgerichte mit fernöstlicher Note. Diese lässt sich leicht mit einer entsprechenden Marinade oder durch Bestreichen mit Sojasauce erzielen.

Schillerlocken

Ihre typische Form erhalten die in Streifen geschnittenenen Bauchlappenstücke des Dornhais durch das Heißräuchern: dabei kringeln sich die Streifen ein und erinnern an die Haarlocken des deutschen Dichters. Schillerlocken sind im Vergleich zu anderen Räucherfischen sehr fett- und kalorienreich. Sie kommen immerhin auf 310 kcal pro 100 g. In Streifen oder Stücke geschnitten, schmecken sie besonders gut zu herben Blattsalaten und zu grünen Gemüsesalaten.

Muscheln

Vor allem Mies- oder Pfahlmuscheln kommen für Salat in Frage. Sie enthalten viel Muschelfleisch und schmecken besonders gut. Frische Muscheln gründlich waschen und bürsten, kurz dämpfen oder im Kräuter-Gewürz-Sud kochen, bis sich die Schalen geöffnet haben – das funktioniert auch in einer Aluschale auf dem Grill. Muscheln, die sich nicht öffnen, unbedingt wegwerfen!

Kalmare

Beim Fischhändler erhält man sie frisch und küchenfertig so vorbereitet, dass die Zubereitung kaum noch Zeit erfordert. Zarte Baby-Kalmare, im Ganzen gegrillt, in Öl gebraten oder frittiert, sind eine besondere Delikatesse. Größere Kalmare am besten in Stücke schneiden, rasch grillen, in Öl braten oder dünsten. Kalmare aus der Tiefkühltruhe sind meist nicht küchenfertig vorbereitet.

Beim Grillen ist die Portionsgröße variabel, es kommt darauf an, was außerdem noch gegrillt bzw. an Beilagen wie Salaten und Gemüse dazugereicht wird.

Zu Hause aufbewahren

Bewahren Sie frischen Fisch direkt nach dem Einkauf im Kühlschrank auf, und bereiten Sie ihn noch am gleichen Tag zu. Geräucherten Fisch ebenfalls im Kühlschrank aufbewahren, er hält sich, lose eingewickelt, mindestens 2 Tage, vakuumverpackt dagegen 2–3 Wochen. Falls Sie wider Erwarten frischen Fisch nicht am Kauftag verarbeiten können, frieren Sie ihn ein. Wichtig: Tiefgekühlten Fisch und tiefgekühlte Meeresfrüchte sollte man stets im Kühlschrank auftauen lassen.

Inhaltsstoffe

Reichlich Eiweiß und Jod, mehrfach ungesättigte Omega-3-Fettsäuren, die fettlöslichen Vitamine A und D sowie verschiedene B-Vitamine – das alles steckt im Fischfleisch. Muscheln sind zudem hervorragende Zinklieferanten.

Fisch garen

Ob Sie Fisch grillen, braten, dünsten, pochieren oder grillen, das Wichtigste ist, ihn nicht zu übergaren. Den richtigen Garpunkt erkennt man daran, dass das Fischfleisch weiß und saftig ist und sich leicht von den Gräten lösen lässt. Übrigens: Fettreiche Fische wie Hering, Lachs und Makrele sollte man in möglichst wenig weiterem Fett braten.

In den Küstengebieten kann man fangfrischen Fisch direkt vom Kutter erwerben.

Jakobsmuschelspieße polynesisch

1 Den Grill vorheizen. 8 Bambusspieße für 30 Minuten in kaltes Wasser legen, damit sie später auf dem Grill nicht verbrennen.

2 Die Ananasstücke abgießen, den Saft auffangen und in einen kleinen Topf geben. Essig, Sojasauce, Zucker und Ingwer mit einem Schneebesen unterrühren, die Mischung aufkochen lassen.

3 Die Maisstärke mit 1 EL Wasser glatt rühren; unter die Ananasmischung schlagen. Aufkochen. 1 Minute kochen lassen. Vom Herd nehmen und warm stellen.

4 Die Paprikaschoten putzen, waschen und in etwa 2,5 cm große Stücke schneiden. Abwechselnd mit Jakobsmuscheln, Tomaten und Ananasstücken auf die Spieße stecken. Salzen und pfeffern. Die Spieße auf jeder Seite 3 Minuten grillen, bis das Muschelfleisch nicht mehr glasig ist, dabei häufig mit Sauce bestreichen.

5 Jeweils die Stücke von 2 Spießen nacheinander mit einer Gabel vorsichtig auf einen Teller schieben.

Für 4 Portionen

1 kleine Dose Ananasstücke (225 g Inhalt)
2 EL Apfelessig
1 EL Sojasauce
2 1/2 EL brauner Zucker
1 TL geriebener frischer Ingwer
2 TL Maisstärke
2 große grüne Paprikaschoten
24 ausgelöste Jakobsmuscheln (etwa 600 g)
16 Cocktailtomaten
weißer Pfeffer aus der Mühle
Salz

Pro Portion

255 kcal, 30 g Eiweiß, 2 g Fett, 29 g Kohlenhydrate

Vorbereitungszeit: 20 Minuten
Grillzeit: 6 Minuten pro Spieß

Zutaten aufspießen
1 Die Grillspieße ganz vorsichtig seitlich durch das Muschelfleisch stechen.

2 Die gegrillten Muschel- und Gemüsestücke mithilfe einer Gabel langsam vom Spieß schieben.

Kabeljau mit Ananas-Paprika-Salat

Für den Ananas-Paprika-Salat in einem Topf 2 EL Öl erhitzen, darin 1 gehackte Knoblauchzehe, 1 Frühlingszwiebel und 1 Stückchen gehackten frischen Ingwer dünsten. 1 rote und 1 grüne in kleine Würfel geschnittene Paprikaschote zugeben und 3–4 Minuten mitdünsten. Mit dem Saft von 1 Zitrone, Salz und Pfeffer würzen. 1 Tasse in kleine Stückchen geschnittene frische Ananas zugeben und untermischen. Das Gemüse abkühlen lassen. Mit Chilisauce aus der Flasche nach Belieben würzen und abschmecken. Während der Salat abkühlt, 4 Kabeljaufilets mit Öl und Zitronensaft bestreichen, würzen und grillen. Den Ananas-Paprika-Salat zu dem Fisch servieren. Außerdem schmecken dazu Tortillachips oder aufgebackene mexikanische Tortillas.

Gegrillter Lachs mit Mais-Gemüse

Für 4 Portionen

1/4 TL plus 2 EL Zucker
1 TL gemahlener Koriander
Salz
1/2 TL gemahlener Zimt
1/4 TL gemahlener Kardamom
schwarzer Pfeffer aus der Mühle
1 Zucchini
1 orange oder rote Paprikaschote
4 Lachssteaks (je 150 g)
1/2 TL gelbe Senfkörner
80 ml Weißweinessig
120 g Maiskörner, frisch (siehe Fotos unten) oder TK-Ware, aufgetaut

Pro Portion

290 kcal, 31 g Eiweiß,
9,5 g Fett, 20 g Kohlenhydrate
Vorbereitungszeit: 10 Minuten
Grillzeit: 10 Minuten

1 Den Grill vorheizen. Den Grillrost dünn mit Öl einpinseln.

2 1/4 TL Zucker, Koriander, Salz, Zimt, Kardamom und Pfeffer in einem kleinen Topf mischen. Etwa 1 1/4 TL der Gewürzmischung abmessen und die Lachssteaks auf jeweils einer Seite damit einreiben.

3 Die Zucchini waschen, putzen und in 5 mm große Würfel schneiden. Die Paprikaschoten putzen, waschen und ebenfalls in 5 mm große Würfel schneiden. Die restlichen 2 EL Zucker mit den Senfkörnern und dem Essig zur Gewürzmischung im Topf geben. Alles aufkochen lassen, dann alles Gemüse zufügen und etwa 4 Minuten mitköcheln lassen, bis es knapp gar ist.

4 Die Lachssteaks jeweils mit der gewürzten Seite nach unten auf den Grillrost legen. 5 Minuten grillen, dabei nicht wenden. Die Lachssteaks mit dem Gemüse servieren.

Körner von frischen Maiskolben lösen
1 Vom Maiskolben zuerst die Hüllblätter und die Narbenfäden entfernen.

2 Den Maiskolben aufrecht in eine Schüssel setzen und festhalten. Mit einem Messer die Körner so abtrennen, dass sie in die Schüssel fallen.

3 Um die Ausbeute zu erhöhen, mit der stumpfen Seite des Messers über den Restkolben fahren und die restlichen Körner vorsichtig herausdrücken.

Schwertfischsteaks mit mexikanischem Salat

1 Knoblauch abziehen und durch die Presse drücken. Olivenöl, Knoblauch, Koriander, Salz und Pfeffer miteinander verrühren. Die Fischsteaks jeweils auf beiden Seiten mit diesem Würzöl bestreichen.

2 Den Grill vorheizen.

3 Die Schwertfischsteaks auf jeder Seite 3–5 Minuten grillen, bis sie knapp gar sind – das Innere sollte noch etwas glasig sein; gart Schwertfisch zu lange, wird er schnell trocken.

4 Für den Salat die Tomaten waschen und in Würfel schneiden. Die Zwiebel abziehen und fein würfeln, die Chili putzen und fein hacken. Die Avocados halbieren und entsteinen. Das Fruchtfleisch aus den Schalen lösen, würfeln und mit Tomaten, Zwiebel, Chili, Koriandergrün und Limettensaft mischen. Die Kidneybohnen unterrühren; alles mit Salz und Pfeffer abschmecken.

5 Die gegrillten Schwertfischsteaks mit dem Salat anrichten und mit Salatblättern garnieren. Dazu passt körnig gekochter Reis oder frisches Baguette.

Für 4 Portionen

1 Knoblauchzehe
2 EL Olivenöl
1/2 TL gemahlener Koriander
Salz
schwarzer Pfeffer aus der Mühle
4 Schwertfischsteaks (etwa 450 g)

Salat

6 vollreife Eiertomaten
1 rote Zwiebel
1 rote Chilischote
2 Avocados
6 EL gehacktes Koriandergrün
Saft von 2 Limetten
1 Dose rote Kidneybohnen (etwa 400 g), der Inhalt abgespült und abgetropft
Salz
schwarzer Pfeffer aus der Mühle

Garnitur

etwa 100 g gemischte Blattsalate

Pro Portion

460 kcal, 31 g Eiweiß, 26 g Fett, 27 g Kohlenhydrate

Vorbereitungszeit: 15 Minuten
Grillzeit: 6–10 Minuten pro Steak

Lachskoteletts mit Senfcreme

Lachskoteletts eignen sich sehr gut zum Grillen. Werden sie anschließend noch mit einer Senfcreme bestrichen, erhalten sie ein besonderes Aroma. 4 Lachskoteletts mit Sonnenblumenöl bestreichen, mit Limettensaft beträufeln und zugedeckt 10 Minuten ziehen lassen. Inzwischen für die Senfcreme eine Knoblauchzehe zerdrücken und diese mit 2 EL mittelscharfem Senf und 3 EL Rotweinessig mischen, dann 6 EL Olivenöl darunterschlagen. Beiseitestellen. Die Lachssteaks salzen und pfeffern und unter Wenden 10 Minuten grillen. Sofort nach dem Grillen mit der Senfcreme bestreichen und servieren.

Seeteufel-Garnelen-Spieße mit Tomatensalsa

Für 4 Portionen
700 g Seeteufelfilet
8 große rohe Garnelen
1 Knoblauchzehe
20 g frischer Ingwer
1 grüne Chilischote, entkernt und fein gehackt
1 EL Sonnenblumen- oder Erdnussöl
Salz
schwarzer Pfeffer aus der Mühle

Salsa
500 g vollreife Tomaten
1 Knoblauchzehe
2 TL Koriandersamen
1 grüne Chilischote, entkernt und fein gehackt
1 Stängel Zitronengras, von den äußeren Blättern befreit und in feine Ringe geschnitten
Saft von 1 Limette

Garnitur
Limettenviertel

Pro Portion
170 kcal, 29 g Eiweiß,
4 g Fett, 4 g Kohlenhydrate
Vorbereitungszeit: 40 Minuten
plus Marinierzeit: 1 Stunde
Grillzeit: 6–8 Minuten

1 Fischfilet waschen, trockentupfen und in 8 – 12 gleich große Würfel schneiden.

2 Die Garnelen waschen und trockentupfen. Anschließend wie rechts beschrieben schälen und putzen, dabei jedoch die letzten Schalenteile am Schwanzende möglichst nicht entfernen.

3 Knoblauch abziehen und fein würfeln. Ingwer schälen und fein hacken. Mit Ingwer und Chili in einer großen Schüssel mit dem Öl verrühren. Fischwürfel und Garnelen zugeben und durch Rühren ganz mit dem Würzöl überziehen. Die Schüssel mit Frischhaltefolie zudecken und für 1 Stunde kalt stellen.

4 Inzwischen für die Salsa die Tomaten mit kochend heißem Wasser übergießen. Kurz ziehen lassen, dann häuten und entkernen. Das Fruchtfleisch mit einem Messer fein hacken. Den Knoblauch abziehen und fein hacken.

5 Koriandersamen in einer Pfanne kurz rösten, bis sie zu duften beginnen. Im Mörser zerstoßen und zu den Tomaten geben. Chili, Knoblauch, Zitronengras und Limettensaft unterrühren. Salsa abschmecken, zudecken und für 30 Minuten oder länger kalt stellen. Falls Sie Bambusspieße verwenden, diese 30 Minuten vor dem Grillen in kaltes Wasser legen. Grill vorheizen.

6 Fischwürfel und Garnelen abwechselnd auf Spieße stecken. Auf jeder Seite 3 – 4 Minuten grillen, bis die Garnelen rosa und nicht mehr glasig sind. Mit Salz und Pfeffer würzen; mit Tomatensalsa und Limettenvierteln servieren.

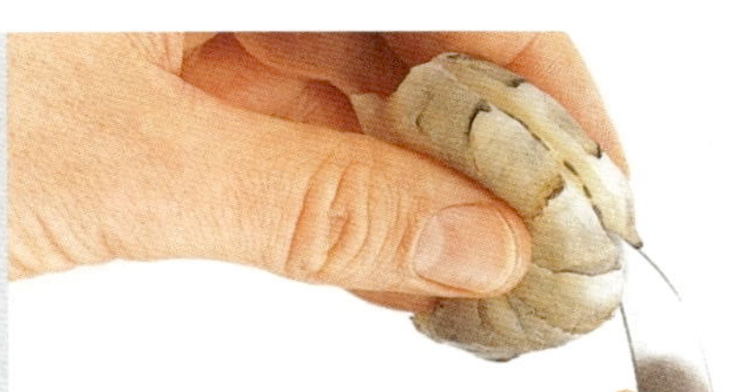

Garnelen schälen

1 Zuerst die Köpfe abdrehen. Schwanzende festhalten, Daumen der anderen Hand unter den Panzer schieben, um ihn abzulösen.

2 Die Garnelen am Rücken entlang mit einem kleinen spitzen Messer einschneiden. Mit dem Messer den schwarzen Darm herauslösen und entfernen.

3 Die Garnelen unter fließend kaltem Wasser abspülen und mit Küchenpapier vorsichtig trockentupfen. Anschließend weiterverarbeiten.

Forelle aus der Folie mit Petersilienbutter

Für 4 Portionen
4 küchenfertige Forellen
Kräuterzweige bzw. -stängel (z. B. Schnittlauch, Dill, Petersilie oder Fenchelgrün)

Petersilienbutter
100 g weiche Butter
1 TL abgeriebene Zitronenschale
1 TL Zitronensaft
1 EL fein gehackte Petersilie

Pro Portion
460 kcal, 31 g Eiweiß,
26 g Fett, 27 g Kohlenhydrate
Vorbereitungszeit: 15 Minuten
Grillzeit: 20 – 30 Minuten

1 Den Grill vorheizen.

2 Inzwischen vier große Stücke Alufolie zuschneiden, in die jeweils ein Fisch locker eingewickelt werden kann. Jeden Fisch auf ein Stück Alufolie legen.

3 Die Kräuterzweige bzw. -stängel waschen und trockenschwenken. Dann in die Fische füllen, die Folie über den Fischen schließen, die Enden einfalten, damit während des Grillens keine Flüssigkeit auslaufen kann.

4 Die Fischpäckchen auf den Grillrost legen. Forellen 20–30 Minuten bei nicht zu starker Hitze garen, die Päckchen nach der Hälfte der Grillzeit wenden. Wenn die Folie beginnt, schwarz zu werden, ist der Fisch fertig.

5 Während der Grillzeit die Petersilienbutter zubereiten. Dafür die Butter mit Zitronenschale und -saft sowie der Petersilie in den Blitzhacker geben und kurz mixen. Man kann die Zutaten alternativ auch mit einer Gabel kräftig vermischen.

6 Die Fischpäckchen vorsichtig öffnen (Achtung: heiß!). Sofort mit der Petersilienbutter servieren.

Fische zum Grillen

Zum Grillen eignen sich alle festfleischigen und vor allem fettreichen Fische besonders gut. Dazu zählen Hering, Sardine, Makrele, Sprotte, Schwertfisch, Lachs, Aal, Heilbutt und Thunfisch. Im Gegensatz zur zarteren Forelle kann man diese Fische ohne Folienhülle auf dem Grill garen. Empfehlenswertes Zubehör sind spezielle Fischkörbe, die Sie im Haushaltswarengeschäft bekommen können.

Gegrillte Makrele mit Radieschen-Vinaigrette

Dafür benötigen Sie pro Person eine küchenfertige Makrele. Diese jeweils fünfmal schräg auf jeder Seite einschneiden. Dann in einer Mischung aus Limettensaft, zerdrücktem Knoblauch, Pfeffer und Olivenöl mindestens 30 Minuten marinieren. Aus der Marinade nehmen (Marinade abstreifen) und die Fische auf jeder Seite 5–7 Minuten grillen, dabei immer wieder mit Marinade bestreichen. Erst nach dem Grillen salzen. Für die Vinaigrette 1/4 fein gewürfelte Gurke und 6 fein gewürfelte Radieschen mit Salz, Pfeffer, 4 EL Olivenöl und 2 EL Weißweinessig gründlich verrühren. Zu den gegrillten Makrelen servieren.

Gegrillte Shrimps mit Senf-Dip

Für 4 Portionen

2 1/2 EL Dijonsenf
1 1/2 EL Zitronensaft
1 TL Korianderpulver
1 TL Kreuzkümmelpulver
schwarzer Pfeffer aus der Mühle
1/2 TL Salz
450 g rohe große Garnelen, geschält und entdarmt

Pro Portion
90 kcal, 15 g Eiweiß, 2 g Fett, 3 g Kohlenhydrate
Vorbereitungszeit: 10 Minuten
Grillzeit: 2 Minuten

1 Den Grill vorheizen.

2 Für den Senf-Dip in einer kleinen Schüssel den Senf mit Zitronensaft, 1/2 TL Koriander, 1/2 TL Kreuzkümmel und einer Messerspitze Pfeffer verrühren. Beiseitestellen.

3 Das Salz mit dem restlichen Koriander und Kreuzkümmel (je 1/2 TL) und einer weiteren Messerspitze Pfeffer in einer größeren Schüssel mischen. Die Garnelen in der Gewürzmischung wenden, bis sie ganz damit bedeckt sind.

4 Die Garnelen auf 4 lange Spieße stecken. Auf jeder Seite 1 Minute grillen, bis die Garnelen nicht mehr glasig sind. Kurz abkühlen lassen, dann mit der Senfsauce servieren.

Garnelenspieße vorbereiten

1 Für den Dip den Senf mit Zitronensaft und Gewürzen zu einer glatten Creme verrühren.

2 Die Garnelen am besten mit den Händen in der Gewürzmischung wenden.

3 Die Garnelen in gleicher Anzahl auf lange Metallspieße stecken.

Langustenfleisch auslösen

1 An der Unterseite des Langustenschwanzes den dünnen Panzer mit der Küchenschere rechts und links aufschneiden.

2 Den Panzer wie einen Deckel abheben und das delikate Langustenfleisch vorsichtig herauslösen.

3 Mit einem Messer das Langustenfleisch an der Rückenseite einschneiden, dann den ungenießbaren Darm (schwarzer Faden) vorsichtig herausziehen.

Langustensalat mit Stangensellerie und Tomaten

1 Die Selleriestangen putzen und waschen, einige Blätter aufbewahren. 3 Stangen in grobe Stücke schneiden und in einen großen Topf geben. 2 l Wasser, 3 EL Essig und 1 EL Salz zugeben, alles aufkochen. Die Langustenschwänze hineinlegen und zugedeckt 15 Minuten bei schwacher Hitze garen, dann im Sud abkühlen lassen.

2 Die übrigen Selleriestangen in dünne Scheiben schneiden. Die Tomaten waschen, halbieren, von Stielansätzen und Kernen befreien und in Würfel schneiden. Die Frühlingszwiebeln putzen, waschen und in Ringe schneiden. Die Knoblauchzehe abziehen und hacken.

3 Die Petersilie waschen, trockenschütteln und zusammen mit den Sellerieblättern fein hacken. Sellerie, Tomaten, Frühlingszwiebel, Knoblauch und Kräuter in einer Schüssel vermengen.

4 Olivenöl, 3 EL Essig, Salz und Pfeffer in eine kleine Schüssel geben. So lange aufschlagen, bis sich das Salz aufgelöst hat. Die Langustenschwänze aus dem Sud nehmen, das Fleisch aus den Panzern lösen. Die schwarzen Fäden (Därme) aus dem Langustenfleisch entfernen (siehe links).

5 Das Langustenfleisch in nicht zu kleine Scheiben schneiden. In eine Schüssel geben. 4–5 EL von dem Kochsud darüber gießen, die Langustenstücke darin wenden. Den Salat auf Portionstellern anrichten, mit der Vinaigrette beträufeln und die Langustenstücke darauflegen.

Für 4 Portionen

1 kleine zartgelbe Staude Stangensellerie
6 EL Weißweinessig
Salz
2 küchenfertige Langustenschwänze (insgesamt 600 g)
2 vollreife Tomaten
5 Frühlingszwiebeln
1 Knoblauchzehe
1/2 Bund glatte Petersilie
6 EL bestes Olivenöl
schwarzer Pfeffer aus der Mühle

Pro Portion

330 kcal, 32 g Eiweiß, 20 g Fett, 5 g Kohlenhydrate

Zubereitungszeit: 50 Minuten

Thunfischsalat
mit Erbsen und Zwiebeln

150 g TK-Erbsen in 150 ml Brühe garen. Dann abgießen, abtropfen lassen und in eine Schüssel geben. 1 weiße Zwiebel abziehen und klein würfeln. 350 g Thunfisch in Lake abtropfen lassen und klein zerpflücken. Thunfisch, Zwiebel und 2 TL kleine Kapern zu den Erbsen in die Schüssel geben. Für das Dressing 100 g Mayonnaise und 50 g Joghurt glatt rühren. Mit Salz, Pfeffer, 1 TL getrockneten italienischen Kräutern und 1–2 EL Zitronensaft würzen. Das Dressing unter die Salatzutaten mischen und den Salat in kleinen Schüsseln oder auf Brotscheiben anrichten.

Thunfischsalat mit Kräuter-Vinaigrette

Für 4 Portionen
2 Eier
2 rote Paprikaschoten
50 g mit Paprikapaste gefüllte grüne Oliven
1 Gemüsezwiebel
1 kleiner Kopfsalat
350 g Thunfisch aus der Dose (in Lake)

Vinaigrette
1 Knoblauchzehe
3 EL Sherryessig
4 EL Olivenöl
Salz
schwarzer Pfeffer aus der Mühle
je 3 Zweige frischer Thymian, Oregano und glatte Petersilie

Pro Portion
400 kcal, 25 g Eiweiß, 31 g Fett, 7 g Kohlenhydrate
Zubereitungszeit: 30 Minuten

1 Die Eier hart kochen. Abgießen und kalt abschrecken, dann pellen und abkühlen lassen. Die Paprikaschoten halbieren, putzen und waschen. Die Schotenhälften in 1,5 cm große Würfel schneiden. Die Oliven in Scheiben schneiden.

2 Die Zwiebel abziehen und in dünne Ringe schneiden. Den Kopfsalat putzen, waschen und trockenschleudern. Die Blätter in mundgerechte Stücke teilen und auf Portionstellern auslegen.

3 Paprikawürfel, Zwiebelringe und Olivenscheiben auf dem Kopfsalat anrichten. Thunfisch abtropfen lassen und mit einer Gabel zerpflücken. Die Thunfischstücke zwischen das Gemüse setzen.

4 Die Knoblauchzehe abziehen und durch die Presse in eine Schüssel drücken. Essig, Öl, Salz und Pfeffer zugeben und unterrühren. Die Kräuter waschen und trockenschütteln. Die Blättchen abzupfen, fein hacken und unter die Vinaigrette rühren.

5 Die Vinaigrette über den Thunfischsalat träufeln. Die Eier in Scheiben schneiden und die Salatportionen damit garnieren. Dazu passt frisches Weißbrot.

Kapern und Kapernfrüchte

Die in Essiglake oder Salz eingelegten Knospen des Kapernstrauchs werden nach Größe sortiert angeboten. Je kleiner sie sind, desto feiner ist ihr Geschmack. Kleine Kapern werden im Ganzen, große fein gehackt in Salat, Vinaigrette oder Remouladensauce gegeben. Einmal geöffnete Kaperngläser im Kühlschrank aufbewahren. Kapernfrüchte sind etwa 2 cm große, längliche Früchte, die samt Stielchen in einer Essiglake eingelegt verkauft werden.

Peperoni, Chilis und Plättchenpaprika

Eingelegte hellgrüne Peperoni, frische rote Chilischoten und getrocknete Paprikaflocken sorgen für angenehme Schärfe in Marinaden und Salaten. Mit pikant eingelegten Peperonischoten werden gemischte Salate garniert, man kann sie aber auch fein hacken und unter Dressings, Grillsaucen oder Marinaden rühren. Frische rote Chilischoten kommen fein geschnitten in Marinaden und Salatsaucen oder werden als Garnitur und Würze zugleich über Fleisch-, Fisch- und Gemüsegerichte gestreut, ebenso wie Paprikaflocken, die sehr scharf sind und deshalb mit Bedacht dosiert werden sollten.

Senf

Ob körnig oder fein, mit Kräutern, Pfeffer, Knoblauch, Schalotten, zuckersüß oder löwenscharf, Senf rundet Marinaden, Grillsaucen und Dressings geschmacklich ab und ist natürlich auch pur zu Gegrilltem eine klassische Beigabe. Wer Abwechslung liebt, sollte sich einen Vorrat von 3–4 Sorten in den Kühlschrank stellen. Feiner Dijonsenf und säuerlicher, körniger Senf aus Meaux, ein mittelscharfer bis scharfer deutscher Senf sowie ein süßer körniger Senf, dazu vielleicht noch ein Estragonsenf (passt toll zu gegrilltem Fisch) lassen sich vielseitig einsetzen. Gut verschlossen und kühl aufbewahrt, hält Senf sich im Kühlschrank 1–2 Jahre.

Würzende Zutaten

Kapern, Sardellen, Senf und Co. setzen raffinierte Akzente und inspirieren zu neuen kulinarischen Kreationen. Deshalb lohnt es sich, einen kleinen Vorrat an Würzpasten und eingelegten Gemüsen bereit zu haben. Dank Salz, Essig, Öl und Zucker sind sie lange haltbar – vorausgesetzt, man entnimmt die gewünschte Menge stets mit sauberem Besteck, hält die eingelegten Spezialitäten mit Öl oder Essig bedeckt und verschließt die Gläser gut. Wer auf der Suche nach ausgefallenen Würz-Ingredienzien ist, wird im arabischen, asiatischen oder türkischen Lebensmittelgeschäft sicher fündig.

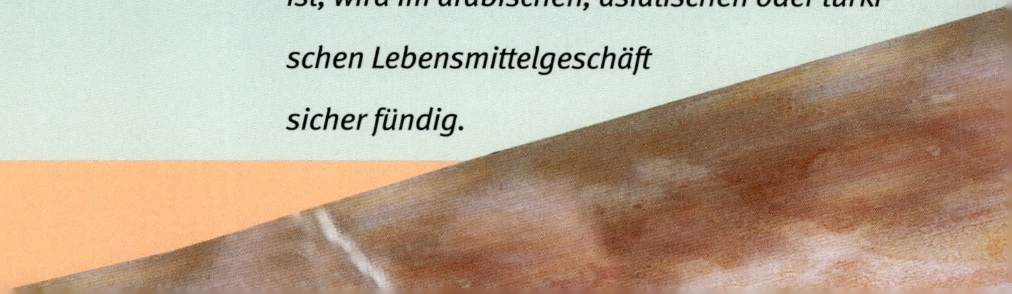

Mango-Chutney

Von mild und süß bis feurig scharf variiert das Angebot an Chutneys. Die beste Auswahl für die süß-säuerlichen kompottartigen Saucen gibt es im asiatischen Lebensmittelgeschäft. Für Salatsaucen die Fruchtstücke im Chutney fein würfeln oder zerdrücken und als Würze unter die Salatsauce mischen. Chutneys halten sich im Kühlschrank etwa 1 Jahr. Mango-Chutney schmeckt besonders gut in Dressings und Vinaigretten für Reis-, Getreide- und Nudelsalate mit Gemüse und exotischen Früchten sowie in Salaten mit Geflügel oder Wildgeflügel, es eignet sich außerdem für Grillmarinaden mit fernöstlicher Note.

Getrocknete Tomaten

Mit Salz getrocknet und luftdicht abgepackt oder mit Kräutern in Öl eingelegt werden sie angeboten. Ohne Öl können getrocknete Tomaten sehr salzig sein, weshalb man sie vor der Verwendung wässern und das Gericht sparsam salzen sollte. Fein zerkleinert, verleihen getrocknete Tomaten Salaten und mediterranen Marinaden eine delikate Würze.

Grüne und schwarze Oliven

Egal, ob in Essig oder Öl, mit Kräutern oder Knoblauch eingelegt, mit Paprikapaste oder Sardellen gefüllt, Oliven verleihen Dressings und Marinaden eine mediterrane Note. Olivenreste immer mit Lake oder Öl bedeckt und gut verschlossen im Kühlschrank aufbewahren, damit sie nicht schimmeln. Ganz einfach lassen sich Olivenkerne mit einem Kirschentsteiner aus den Früchten drücken. Oliven entweder im Ganzen oder in Viertel oder Scheiben geschnitten über den Salat streuen. Oder die Oliven fein hacken und unter die Marinade oder das Dressing rühren.

Sardellenfilets

Sardellen- oder Anchovisfilets werden in Öl oder Salz eingelegt angeboten. In Öl eingelegte Filets mit Küchenpapier trockentupfen, in Salz eingelegte Sardellenfilets kalt abspülen und ebenfalls trockentupfen. Sardellenfilets stets gut verschlossen im Kühlschrank aufbewahren.
Fein gehackt, würzen sie Vinaigretten oder Dressings für herzhafte Blatt- und für Gemüsesalate.
In feine Streifen geschnitten, sind Sardellenfilets für gemischte Salate mit hart gekochten Eiern, Zwiebelringen und Oliven eine ebenso attraktive wie köstliche Garnitur.

Pesto

Grünes Pesto mit Basilikum und rotes mit getrockneten Tomaten verfeinern nicht nur Spaghetti und Co., sondern auch Salate sowie Fleisch, Geflügel oder Fisch vom Grill. Am besten schmeckt selbst gemachtes Pesto. Wer wenig Zeit hat, nimmt Pesto aus dem Glas. Pestoreste 2 cm hoch mit Olivenöl aufgießen, gut verschließen und im Kühlschrank aufbewahren. 1–2 TL Pesto im Dressing harmonieren hervorragend mit italienischen Blatt-, Reis- und Nudelsalaten, passen aber auch zu Salaten mit hellem oder dunklem Fleisch und zu Fisch- und Meeresfrüchtesalaten.

Jakobsmuscheln
mit Grapefruits und Senf-Vinaigrette

Für 4 Portionen

- 1 rote Zwiebel
- 1/2 Friséesalat
- 100 g Rucola
- 2 rosa Grapefruits
- 2 EL Cassis-Essig
- 3 EL Olivenöl
- 1 TL körniger Senf (z. B. aus Meaux)
- 1 TL Honig
- Salz
- schwarzer Pfeffer aus der Mühle
- 12 ausgelöste Jakobsmuscheln mit Corail
- 2 EL Zitronensaft
- 20 g Butter
- 2 EL trockener Wermut

Pro Portion

230 kcal, 7 g Eiweiß,
14 g Fett, 16 g Kohlenhydrate

Zubereitungszeit: 20 Minuten

Jakobsmuscheln
Das Muschelfleisch aus den großen weißen Muschelschalen ist besonders fest, aber dennoch zart. Es schmeckt mild und leicht süßlich. Neben dem Muskelfleisch befindet sich der Rogensack, der orangerote Corail, in der Muschel, der von Feinschmeckern besonders begehrt wird. Die beste Zeit für frische Jakobsmuscheln aus den Fanggründen vor Schottland, Irland und Frankreich ist Oktober bis März.

1 Die Zwiebel abziehen und sehr klein würfeln. Friséesalat und Rucola waschen und trockenschleudern. Friséeblätter in mundgerechte Stücke zupfen, vom Rucola die harten Stiele entfernen.

2 Die Grapefruits mit einem scharfem Messer so schälen, dass die dünne weiße Haut mit entfernt wird. Die Grapefruitfilets aus den Segmenten lösen.

3 Für die Vinaigrette Essig, Öl, Senf, Honig, Salz und Pfeffer in eine Schüssel geben und kräftig aufschlagen, bis die Vinaigrette leicht andickt. Die Salatblätter durch die Vinaigrette ziehen und auf Portionsteller legen. Die Zwiebelwürfel darüberstreuen und die Grapefruitfilets darauf anrichten.

4 Muschelfleisch mit dem Zitronensaft beträufeln, mit Salz und Pfeffer bestreuen. Die Butter in einer beschichteten Pfanne erhitzen, das Muschelfleisch darin von jeder Seite etwa 2 Minuten braten. Mit Wermut ablöschen und die Muscheln auf den Salatportionen anrichten. Sofort servieren.

Jakobsmuscheln mit Salatstreifen

Von 1 kleinen Chinakohl die äußeren Blätter ablösen und waschen. Einen Dämpfeinsatz mit den Blättern auslegen. 12 Jakobsmuscheln mit Corail nebeneinander darauflegen. In einen passend großen Topf 200 ml Weißwein, 1 gehackte Schalotte und 1 Bund Petersilie geben, alles aufkochen. Den Dämpfeinsatz darüberstellen, dabei darauf achten, dass die Muscheln nicht mit der Flüssigkeit in Berührung kommen. Muscheln zugedeckt etwa 5 Minuten dämpfen. 200 g Chinakohl putzen, waschen und trockenschütteln, in feine Streifen schneiden. 2 cm Ingwerwurzel schälen und fein reiben. 50 ml Orangensaft, Ingwer, Salz, Pfeffer, 2 EL Zitronensaft und 4 EL Öl kräftig aufschlagen. Die Chinakohlstreifen auf 12 Jakobsmuschelschalen verteilen, gedämpfte Muscheln darauf betten. Mit der Vinaigrette beträufeln, mit geviertelten Cocktailtomaten garnieren und servieren.

Für 4 Portionen

250 g küchenfertige TK-Garnelen
Salz, 2 EL Zitronensaft
100 g Mini-Maiskolben
4 Klementinen
2 Chicoréestauden
2 Frühlingszwiebeln
150 g saure Sahne
3 EL Rapsöl
2 EL Weißweinessig
50 ml Klementinensaft
schwarzer Pfeffer aus der Mühle
1 Prise Cayennepfeffer
Gartenkresse zum Garnieren

Pro Portion

190 kcal, 15 g Eiweiß,
9 g Fett, 12 g Kohlenhydrate

Zubereitungszeit: 30 Minuten

Garnelensalat mit Klementinen

1 Die Garnelen auftauen lassen. 100 ml Wasser mit 1/2 TL Salz und dem Zitronensaft aufkochen. Die Garnelen darin 1–2 Minuten garen. Herausnehmen, abtropfen und abkühlen lassen.

2 Die Mini-Maiskolben putzen und waschen. In leicht gesalzenem kochendem Wasser 4 Minuten garen. Abgießen und in Eiswasser abschrecken, dann abtropfen und abkühlen lassen. Die Klementinen schälen und in Stücke teilen, diese halbieren oder dritteln.

3 Den Chicorée putzen, dabei den bitteren Strunk jeweils keilförmig herausschneiden. Die Stauden waschen und trockentupfen; in Streifen schneiden und auf einer Platte auslegen. Die Frühlingszwiebeln putzen, waschen und klein würfeln. Die Maiskolben halbieren.

4 Garnelen, Maiskolben, Klementinen und Frühlingszwiebeln in einer Schüssel vermischen. Für das Dressing saure Sahne, Rapsöl, Essig, Klementinensaft sowie Salz, Pfeffer und Cayennepfeffer cremig rühren. Das Dressing zu den Salatzutaten geben und vorsichtig untermischen. Den Salat auf den Chicoréestreifen anrichten, mit Kresse garnieren und sofort servieren.

Der praktische Tipp:

Anstelle von Klementinen können Sie Satsumas, Mandarinen oder Orangen nehmen. Orangen filetieren und in Stücke schneiden, Satsumas und Mandarinen entkernen.

Garnelensalat mit Grapefruits und Avocado

Die Garnelen wie im Hauptrezept beschrieben vorbereiten. 2 rosa Grapefruits filetieren, die Filets in Stücke schneiden. 2 Avocados schälen, Kerne entfernen, das Fruchtfleisch in dünne Scheiben schneiden und mit 2 EL Zitronensaft beträufeln. 100 g Crème fraîche, 2 EL Zitronensaft, Salz, Pfeffer, einer Prise Zucker und 1 EL Schnittlauchröllchen in einer Schüssel verrühren. Garnelen, Grapefruitstücke und Avocadoscheiben vorsichtig untermischen. Den Salat mit gebuttertem Toastbrot servieren.

Italienischer Meeresfrüchtesalat alla Nonna

Für 4 Portionen

300 g küchenfertige Baby-Tintenfische (Kalmare)
6–7 EL Zitronensaft
125 ml Weißweinessig
5 schwarze Pfefferkörner
1/2 TL Fenchelsamen, Salz
1 kg Miesmuscheln
375 ml l trockener Weißwein
1 Lorbeerblatt
300 g küchenfertige Garnelen
2 Romanasalatherzen
2 Stangen Sellerie
2 Eiertomaten
1 rote Zwiebel
2 Knoblauchzehen
1/4 Bund glatte Petersilie
5 EL bestes Olivenöl
schwarzer Pfeffer aus der Mühle
1 Prise Cayennepfeffer

Pro Portion
370 kcal, 36 g Eiweiß,
18 g Fett, 12 g Kohlenhydrate
Zubereitungszeit: 1 Stunde

1 Die Baby-Tintenfische gründlich waschen und abtropfen lassen. 500 ml Wasser mit 4 EL Zitronensaft, Essig, Pfefferkörnern und Fenchelsamen sowie 1/2 TL Salz aufkochen. Anschließend die Tintenfische hineingeben; bei schwacher Hitze 20 Minuten gar ziehen, dann im Sud abkühlen lassen.

2 Die Muscheln in eine Schüssel geben und mit kaltem Wasser bedecken. 15 Minuten stehen lassen, dann abgießen. Geöffnete Muscheln wegwerfen, sie sind ungenießbar! Die restlichen Muscheln sorgfältig in kaltem Wasser waschen, bis sich kein Sand mehr am Schüsselboden absetzt.

3 Den Weißwein und das Lorbeerblatt in einen großen Topf geben, aufkochen. Die Muscheln hineingeben und zugedeckt 5–10 Minuten dünsten, bis sie sich geöffnet haben. In ein Sieb schütten, noch geschlossene Muscheln aussortieren und wegwerfen. Das Muschelfleisch vorsichtig aus den geöffneten Schalen herauslösen; vollständig abkühlen lassen.

4 Die Garnelen kalt abspülen und abtropfen lassen. Die Tintenfische aus dem Sud nehmen und in kleine Stücke oder schmale Streifen schneiden. Alle Meeresfrüchte in eine Schüssel geben und vorsichtig mischen. Die Salatherzen putzen, waschen und trockenschleudern. Vier große Portionsschalen oder tiefe Teller mit den Salatblättern auslegen.

5 Selleriestangen putzen und waschen, in dünne Scheiben schneiden. Die Tomaten waschen, dann halbieren, Stielansätze und Kerne entfernen. Die Früchte sehr klein würfeln. Die Zwiebel abziehen und in kleine Würfel schneiden. Knoblauch abziehen und fein hacken. Die Petersilie waschen und trockenschütteln. Die Blätter abzupfen und fein hacken. Alles zu den Meeresfrüchten geben und untermischen.

6 Olivenöl, 2–3 EL Zitronensaft sowie Salz, Pfeffer und Cayennepfeffer in eine Schüssel geben und aufschlagen, bis sich das Salz aufgelöst hat. Die Vinaigrette über den Meeresfrüchtesalat gießen, untermischen. Den Salat nochmals mit Salz und Zitronensaft abschmecken. Dann in die vorbereiteten Schalen füllen und servieren. Dazu passt ofenwarmes Baguette.

Garnelen und Schwertfisch mit Safran-Vinaigrette

Für 4 Portionen

1 rote und 1 gelbe Paprikaschote
2 Salatherzen
3 Knoblauchzehen
250 g Schwertfischfilet
2 EL Zitronensaft
Salz
schwarzer Pfeffer aus der Mühle
6 EL Olivenöl
12 küchenfertige Garnelen
1 Tütchen Safranfäden (0,1 g)
150 ml trockener Weißwein
2 EL Sherryessig
1/2 Bund krause Petersilie

Pro Portion

320 kcal, 10 g Eiweiß,
21 g Fett, 6 g Kohlenhydrate

Zubereitungszeit: 30 Minuten

1 Die Paprikaschoten halbieren, putzen und waschen. Die Schotenhälften in Streifen schneiden. Die Salatherzen putzen, waschen und trockenschütteln. Die Blätter ebenfalls in Streifen schneiden. Zuerst die Salatstreifen, dann die Paprikastreifen auf einer großen Platte oder auf Portionstellern auslegen.

2 Die Knoblauchzehen abziehen und in Stifte schneiden. Den Schwertfisch in etwa 3 cm große Würfel schneiden. Die Fischwürfel mit dem Zitronensaft beträufeln, mit Salz und Pfeffer bestreuen.

3 In einer beschichteten Pfanne 3 EL Olivenöl erhitzen. Die Fischwürfel und die Garnelen darin rundum anbraten. Dann Knoblauch und Safran zugeben und kurz mitbraten. Den Wein angießen und offen auf die Hälfte einkochen lassen.

4 Fisch und Garnelen aus dem Sud heben und auf dem Salat verteilen. Die Pfanne vom Herd nehmen und den Sud mit Salz, Pfeffer und Sherryessig abschmecken. Über den Salat, den Fisch und die Garnelen träufeln.

5 Die Petersilie waschen, in einzelne Stängel teilen und trockenschütteln. In einer kleinen schweren Pfanne 2 EL Olivenöl erhitzen. Die Petersilienstängel darin rundum leicht anbräunen. Herausnehmen, kurz auf Küchenpapier entfetten und sofort auf dem Salat verteilen. Gut zu dem Salat passt frisches Toskanabrot.

Der praktische Tipp:

Garen Sie Schwertfischwürfel und Garnelen nur gerade so lange, bis sie durchgebraten sind. Denn speziell das feste Schwertfischfleisch wird schnell sehr trocken, wenn es zu lange gart.

Schwertfisch auf buntem Salat

250 g Schwertfischfilet würfeln und wie im Hauptrezept beschrieben garen, jedoch keinen Safran zugeben. Die Fischwürfel aus dem Sud nehmen und warm stellen. 250 g gemischten Salat und 50 g Kapuzinerkresse putzen, waschen und trockenschleudern. 2 Fleischtomaten waschen. Halbieren, die Stielansätze herausschneiden und die Tomaten in Scheiben schneiden. Salatblätter, Kresse und Tomaten auf Tellern anrichten. 2–3 EL Zitronensaft, 2 EL Olivenöl, Salz, schwarzen Pfeffer, 1 EL fein gehackte Dillspitzen und 2 EL Crème fraîche verrühren. Den Fisch auf dem Salat anrichten. Alles mit dem Dressing beträufeln. Mit Kapuzinerkresseblüten garnieren.

Fruchtig und raffiniert: Buntes Obst

Erntefrische Früchte und Beeren schmecken im Sommer einfach am besten. Und eine individuelle Note bekommen sie, wenn sie zerkleinert, gemischt und mit einer passend cremigen Sauce serviert oder als erfrischender Drink kredenzt werden. Zum kuliarischen Ausklang eines Grillabends bietet es sich auch an, Obst auf dem heißen Rost zu grillen. Probieren Sie also einmal neue Obstsalate aus heimischen und exotischen Früchten, aufmunternde Drinks und gegrillte Obstspießchen.

Zwetschgen und Pfirsiche

Vollreife Früchte sind saftig und süß, die Steine lassen sich leicht herauslösen. Feste, unreifere Früchte schmecken säuerlich bis herb und eignen sich ebenso wie reife für Salate oder zum Rohessen. Das Fruchtfleisch reifer Früchte gibt auf sanften Druck nach. Reife saftige Pfirsiche können püriert und als Fruchtsauce zu Obstsalat gereicht werden.

Beeren

Am aromatischsten schmecken Beeren aus heimischem Anbau. Kleinere Exemplare haben oft mehr Aroma als große. Beeren stets nur kurz mit kaltem Wasser abbrausen, dann erst nach Bedarf putzen. Empfindliche Sorten wie Himbeeren, Erdbeeren und Brombeeren möglichst am Pflücktag verbrauchen. Robustere Sorten lassen sich 1–2 Tage im Kühlschrank aufbewahren. Der einfachste Beerensalat der Welt: Beeren zuckern und mit Zabaione servieren.

Melonen

Reife Wassermelonen haben kräftig rotes Fruchtfleisch und meist braune Kerne. Beim Kauf können Sie den Reifetest machen: Auf die Melone klopfen und gut hinhören – klingt es prall und hallend, ist sie reif, klingt es eher dumpf, liegt sie schon eine Weile oder ist unreif. Galia-, Cantaloupe- oder Netzmelonen sollten aromatisch duften, ohne Azetonnote. Sie sollten keine Druckstellen, Risse oder gar Schimmelansatz aufweisen. Reife Galia-, Cantaloupe- und Netzmelonen lassen sich an den Stielstellen leicht eindrücken. Melonen verleihen Sommersalaten eine erfrischende Note.

Früchte und Beeren auf einen Blick

Sie sind nicht nur Hauptzutat aller Obstsalate, sondern verleihen oft auch pikanten Salaten optisch und geschmacklich das gewisse Etwas: Früchte und Beeren. Auch beim Grillen lässt sich Obst vielseitig einsetzen, sowohl pur als auch auf süßen oder pikanten Spießchen. Wer täglich frisches Obst isst, trägt eine Menge zu seinem Wohlbefinden und zu seiner Gesundheit bei.

Einkauf

Als Faustregel gilt: Je schwerer eine Frucht in der Hand liegt, desto saftiger und wohlschmeckender ist sie. Aber auch der Duft verrät einiges über ihre Qualität und die Konsistenz des Fruchtfleischs: Je intensiver eine Frucht duftet, desto reifer und aromatischer ist sie in der Regel. Das Fruchtfleisch reifer, makelloser Früchte sollte auf leichten Fingerdruck nachgeben. Bereits vorhandene Druckstellen oder Anzeichen von Schimmelbefall zeugen von verdorbener Ware – lassen Sie sie liegen! Am besten kaufen Sie immer nur so viel frisches Obst, wie Sie auch innerhalb der nächsten 2 Tage verbrauchen werden. Bedenken Sie: Vollreife Früchte sind nur begrenzt lagerfähig. Wer nicht täglich einkauft, sollte schnell reifende Früchte wie Birnen oder Bananen deshalb in unterschiedlichen Reifegraden kaufen; so müssen sie nicht alle gleichzeitig gegessen werden. Sollte doch mehr Obst da sein, als verbraucht werden kann, können

Wie viel pro Person?

Für Obstsalate rechnet man je nach Dressing mit 150 – 250 g geschälten, geputzten Früchten pro Portion. Bei leichten Joghurtdressings oder Marinaden darf es etwas mehr Obst sein, bei üppigeren Sahnedressings genügen 150 g. Beim Grillen kann man als Dessert ein Stück gegrilltes Obst (Ananasviertel, Pfirsichhälfte, Banane) pro Person rechnen.

Granatäpfel

Kenner schwören auf Sorten aus dem Iran. Beim Kauf auf eine glänzende, unbeschädigte Schale achten. Granatäpfel haben im Inneren viele kleine Samenkerne, die von süßem, aromatischem, saftigem rotem Fruchtfleisch umgeben sind. Zum Schälen den Kelchansatz keilförmig herausschneiden, die Frucht auseinanderbrechen. Kerne herauslösen, die weißen Häute entfernen, sie schmecken bitter. Zum Entsaften die Hälften auf der Zitruspresse auspressen.

Ananas und Bananen

Im Gegensatz zu Bananen reifen Ananas nicht nach. Reife Früchte duften ausgeprägt, und die inneren Blätter des Schopfes lassen sich leicht ablösen. Im Fruchtfleisch steckt ein eiweißspaltendes Enzym, deshalb schmeckt rohe Ananas mit Milchprodukten bitter und lässt Gelatine nicht erstarren. Durch Erhitzen wird das Enzym zerstört. Ananas vom Grill schmeckt besonders gut, wenn man die Stücke zuvor mit braunem Zucker bestreut. Bananen schmecken am besten, wenn ihre gelbe Schale braune Pünktchen aufweist. Zerkleinerte Früchte immer sofort mit Zitronensaft beträufeln, damit sie nicht braun werden. Zum Grillen kann man die Bananen in den Schalen lassen.

Physalis und Karambolen

Physalis (Kapstachelbeeren) haben eine papierdünne Hülle, unter der sich orangefarbene, leicht klebrige kugelförmige Früchte verbergen. Sie schmecken säuerlich herb und erfrischend. Zum Dekorieren die Hülle vorsichtig zurückstreifen. Karambolen oder Sternfrüchte werden meist, in Scheiben geschnitten, zum Garnieren von süßen und pikanten Salaten verwendet.

Sie es zu einem Obstsalat verarbeiten – so wird Obst oft auch lieber gegessen als pur. Einige Früchte bieten sich zudem dafür an, zu einer Sauce oder zu einem Kompott verarbeitet zu werden.

Zu Hause aufbewahren

Obst sollten Sie stets erst kurz vor dem Verzehr waschen. Empfindliche Sorten wie Melonen, Beeren, Aprikosen, Pfirsiche usw. können im Gemüsefach des Kühlschranks aufbewahrt werden.
Längere Zeit bei Raumtemperatur lassen sich hingegen Äpfel, harte Birnen, Zitrusfrüchte, feste Pfirsiche und Nektarinen lagern. Sie wurden unreif geerntet und reifen während der Lagerung nach.
Beeren und Trauben hingegen sollten rasch verbraucht werden, denn sie werden reif geerntet und dann in kurzer Zeit überreif bis faulig. Im Kühlschrank aufbewahrt, halten sie sich einige Tage. Beeren dürfen nicht gedrückt werden: Druckstellen fördern ein rasches Faulen der empfindlichen Früchte.
Beachten Sie: Manche Obstsorten sollten voneinander getrennt aufbewahrt werden, denn sie verderben in direkter Nachbarschaft schneller. Bei unreifen Früchten wird der Reifeprozess beschleunigt, wenn man eine reife Frucht zu ihnen legt oder die Früchte in einer braunen Papiertüte bei Raumtemperatur lagert.

Inhaltsstoffe

Die meisten Früchte sind fettfrei und enthalten wenig Kalorien. Ihr Wassergehalt ist in der Regel sehr hoch, weshalb Obst nicht nur erfrischend ist, sondern auch dazu beiträgt, den täglichen Flüssigkeitsbedarf zu decken.
Frisches Obst enthält je nach Sorte reichlich Vitamine, z. B. Vitamin C und Folsäure, sowie zahlreiche Mineralstoffe und Spurenelemente. Darüber hinaus wird der Gesundheitswert von Früchten und Beeren durch ihren Gehalt an Farbstoffen wie Karotinoiden sowie an Bioflavonoiden, anderen sekundären Pflanzenstoffen und Ballaststoffen bestimmt. Um in den möglichst vollen Genuss der wertvollen Inhaltsstoffe zu kommen, sollte Kernobst wie Äpfel und Birnen nicht oder so dünn wie möglich geschält werden, denn gerade in und unter der Schale befinden sich Vitamine und Co. Wichtig ist, dass man die Früchte vor dem Essen gründlich wäscht. Wer auf Nummer Sicher gehen will, kauft Obst der Saison im Bioladen. Dies ist nachweislich geringer mit Schadstoffen belastet als Obst aus konventionellem Anbau.

Ananas-Erdbeer-Spieße vom Grill

Für 4 Portionen

abgeriebene Schale von 1/2 unbehandelten Zitrone
Saft von 1 Zitrone
4 EL Orangenlikör (z. B. Cointreau) oder Weinbrand
2–3 EL Honig oder brauner Zucker
1 EL Bitterlikör, z. B. Angostura (nach Belieben)
1 Ananas
250 g Erdbeeren
2 EL Puderzucker, mehr zum Garnieren

Pro Portion

180 kcal, 1 g Eiweiß,
0 g Fett, 37 g Kohlenhydrate

Zubereitungszeit: 15 Minuten plus Marinierzeit: mindestens 1 Stunde
Grillzeit: 8–10 Minuten

1 Zitronenschale und -saft, Likör oder Weinbrand, Honig oder Zucker sowie nach Belieben Bitterlikör in einer Schüssel (nicht aus Metall) miteinander verrühren.

2 Die Ananas vom Strunk befreien, in Viertel schneiden und schälen. Fruchtfleisch in etwa 3 cm große Stücke schneiden. In die Marinade geben. Erdbeeren waschen und entkelchen; zu den Ananasstücken geben. Das Obst durch Wenden mit der Marinade überziehen. Zudecken; für mindestens 1 Stunde oder über Nacht kalt stellen.

3 Den Grill vorheizen.

4 Das Obst aus der Marinade heben und abwechselnd auf 8 Spieße stecken. Marinade beiseitestellen.

5 Die Spieße mit 1 EL Puderzucker bestäuben. Jeweils mit der gezuckerten Seite nach unten auf den Grill legen und 4–5 Minuten grillen. Vom Grill nehmen, jeweils die andere Seite mit dem restlichen Puderzucker bestäuben. Mit den frisch gezuckerten Seiten nach unten auf den Grill legen und weitere 4–5 Minuten grillen.

6 Je zwei Spieße auf einen Teller legen und mit Marinade beträufeln. Mit etwas Puderzucker bestreuen und servieren.

Schokorolle **mit Himbeercreme**

Für 6 Stücke
3 Eier
75 g Zucker
50 g Mehl
25 g Kakaopulver
1 TL Puderzucker

Füllung
125 g frische Himbeeren
200 g fettreduzierter Frischkäse
etwa 2 TL Zucker

Pro Stück
170 kcal, 8 g Eiweiß,
5 g Fett, 24 g Kohlenhydrate
Vorbereitungszeit: 30 Minuten
Backzeit: 7–10 Minuten
plus Abkühlzeit: 30 Minuten

1 Den Backofen auf 220 °C vorheizen. Ein kleines Backblech oder eine flache, etwa 30 × 20–25 cm große Backform mit Backpapier auslegen.

2 Die Eier trennen. Die Eiweiße in eine große Rührschüssel geben und mit 2–3 EL lauwarmem Wasser mit den Schneebesen des elektrischen Handrührgerät oder in der Küchenmaschine steif schlagen. Nach und nach unter ständigem Schlagen den Zucker zugeben. Die Eigelbe zufügen und kurz auf niedrigster Stufe unterrühren.

3 Mehl und Kakaopulver mischen. Über die Eimasse sieben und mit einem großen Metalllöffel oder einem Teigschaber behutsam unterheben – nicht unterschlagen, sonst wird der Teig klebrig.

4 Den Biskuitteig gleichmäßig auf das vorbereitete Backblech streichen. 7–10 Minuten backen, bis er fest, aber noch elastisch ist.

5 Die Biskuitplatte sofort auf ein größeres Backpapier stürzen. Das benutzte (mitgebackene) Backpapier vorsichtig abziehen und die knusprigen Teigränder mit einem Sägemesser abschneiden.

6 Die Biskuitplatte vom kurzen Ende her mit dem Backpapier nach innen aufrollen und auf einem Kuchengitter in 30 Minuten ganz auskühlen lassen.

7 Inzwischen für die Füllung die Himbeeren kurz abbrausen und trockenschwenken. In einer Schüssel leicht mit einer Gabel zerdrücken. Frischkäse einrühren und nach Belieben Zucker zufügen. Die Creme zudecken und kalt stellen.

8 Den ausgekühlten Biskuit vorsichtig entrollen, das Backpapier entfernen. Die Himbeercreme auf die Platte geben und verstreichen, dabei an den Rändern jeweils einen schmalen Streifen frei lassen. Den Biskuit wieder aufrollen. Sollte er dabei etwas aufbrechen, macht das gar nichts.

9 Die Rolle mit Puderzucker besieben und auf eine Servierplatte legen. Mit einem Sägemesser in sechs gleich große Scheiben schneiden.

Der besondere Tipp:

Den Schokoladenbiskuit können Sie auch mit einer Creme aus einer zerdrückten Banane, 2 TL flüssigem Honig und 200 g Frischkäse bestreichen.

Erdbeersalat mit Pistazienpesto

Für 4 Portionen
800 g Erdbeeren
4 EL Johannisbeer- oder Kirschsaft
2 EL Cassis- oder Kirschlikör
2 EL Puderzucker
1 EL Zitronensaft

Pistazienpesto
50 g Pistazien
40 g weiße Schokolade
1 EL Zitronensaft
1/2 EL Puderzucker
2 EL Crème double
Minzeblätter zum Garnieren

Pro Portion
320 kcal, 5 g Eiweiß,
15 g Fett, 36 g Kohlenhydrate
Zubereitungszeit: 20 Minuten
plus Marinierzeit: 30 Minuten

1 Für den Salat die Erdbeeren waschen, putzen und je nach Größe halbieren oder vierteln. Die Beeren in eine große Schüssel geben.

2 Den Johannisbeer- oder Kirschsaft, Cassis- oder Kirschlikör, 2 EL Puderzucker und den Zitronensaft über die Erdbeeren geben und alles vorsichtig mischen. Die Erdbeeren zugedeckt etwa 30 Minuten Saft ziehen lassen.

3 Für das Pistazienpesto die Pistazien und die weiße Schokolade mit einem schweren Messer fein hacken. Oder: Pistazien und Schokoladenstückchen in den Blitzhacker geben und darin fein hacken. Die Mischung in eine Schüssel füllen.

4 Zitronensaft, 1/2 EL Puderzucker und Crème double zu Pistazien und Schokolade geben und untermischen. Die Erdbeeren in Portionsschälchen verteilen, das Pistazienpesto darauf anrichten. Mit Minze garnieren und sofort servieren.

Der praktische Tipp:
Wer möchte, kann den Erdbeersalat auf in Streifen geschnittenem Biskuit oder trockenen Kuchenresten anrichten. Dafür die Erdbeeren auf den Kuchenstreifen verteilen und mit dem Saft beträufeln, dann das Pesto obenauf geben.

Erdbeersalat auf Kiwi-Coulis

800 g Erdbeeren waschen, putzen und vierteln. In einer Schüssel mit 4 EL Orangensaft und 2 EL Puderzucker mischen. Je 30 g Zartbitter- und weiße Schokolade hacken und unter den Erdbeersalat mengen. 4 Kiwis schälen und in Stücke schneiden. Die Kiwis mit dem Stabmixer fein pürieren. Das Fruchtpüree mit 1–2 EL Agavendicksaft süßen. Den Kiwi-Coulis als Spiegel auf die Dessertteller gießen. Den Erdbeersalat darauf anrichten und mit Minzeblättern garnieren.

Exotischer Fruchtsalat mit Kokossahne

Für 4 Portionen

1 vollreife Mango
8 Kumquats
8 frische Datteln
2 Feigen
100 g Physalis
1 Sternfrucht (Karambole)
2 vollreife Passionsfrüchte
3 EL Agavendicksaft
2 EL Limettensaft
2 EL Kokoschips
150 g Schlagsahne
1 Päckchen Vanillezucker
50 g Kokosmilch (aus der Dose)
Minzeblätter zum Garnieren

Pro Portion

420 kcal, 5 g Eiweiß,
16 g Fett, 61 g Kohlenhydrate

Zubereitungszeit: 30 Minuten

Passionsfrucht
Die auch Maracujas genannten runden oder ovalen Früchte haben eine ledrige, violettbraune Schale. Je schrumpliger die Schale, desto aromatischer und reifer ist die Frucht. Das Innere einer Passionsfrucht besteht aus essbaren Kernen, die ein geleeartiges, nahezu flüssiges Fruchtfleisch umgibt. Wer die Kerne nicht mitessen möchte, halbiert die Früchte, hebt das Innere mit einem Löffel aus der Fruchtschale und passiert es durch ein feines Sieb. Noch unreife Passionsfrüchte reifen bei Raumtemperatur relativ schnell nach.

1 Die Mango schälen, das Fruchtfleisch in Streifen vom Stein schneiden. Die Kumquats waschen und in Scheiben schneiden, die Kerne herauslösen. Die Datteln entkernen und in Streifen schneiden.

2 Die Feigen waschen, von den Stielenden befreien und achteln. Die Physalis aus ihren Hüllen lösen, waschen und trockentupfen. Die Sternfrucht waschen, trockentupfen und in Scheiben schneiden. Das Obst auf einer Platte anrichten.

3 Die Passionsfrüchte halbieren. Das Fruchtfleisch mit einem Löffel aus der Schale lösen und in einen Rührbecher geben. Agavendicksaft und Limettensaft zugeben und alles mit dem Stabmixer pürieren. Die Sauce durch ein Sieb passieren, über das Obst geben.

4 Die Kokoschips in einer Pfanne ohne Fett hellbraun rösten. Auf einen Teller geben und abkühlen lassen. Die Sahne mit dem Vanillezucker steif schlagen. Die Kokosmilch in der Dose glatt rühren, dann unter die Sahne ziehen. Die Kokossahne in Klecksen auf den Früchten anrichten und mit den gerösteten Kokoschips und den Minzeblättern garnieren.

Der praktische Tipp:

Essen keine Kinder mit, kann man den Fruchtsalat direkt vor dem Servieren noch mit einem Schuss Kokoslikör beträufeln. Wer keine Kokoschips bekommt, stellt sie aus einer frischen Kokosnuss selbst her. Frische Kokosraspel jedoch nicht rösten.

Karamellisierter Fruchtsalat mit Kokoseis-Sahne

Die Früchte wie im Hauptrezept beschrieben vorbereiten und auf einer ofenfesten Platte anrichten. Mit 3 EL Puderzucker bestäuben und unter dem Backofen- oder Elektrogrill etwa 5 Minuten überbacken. 150 g Schlagsahne steif schlagen, dann 3–4 Kugeln Kokoseis mit dem Stabmixer darunterarbeiten. Die warmen Früchte sofort auf Desserttellern anrichten. Zu jeder Portion einen guten Klecks der halbgefrorenen Kokossahne geben. Mit geraspelter Schokolade garnieren.

Limetten

Die kleinen hellgrünen Zitrusfrüchte mit der dünnen Schale werden oft auch fälschlicherweise Limonen genannt. Sie sind hart, haben eine glänzende Schale und geben beim Pressen wenig Saft ab. Limettensaft und Limettenschale ersetzen Essig und Zitrone in exotischen Salaten und geben ihnen mit ihrer pikanten Würze eine herb-säuerliche Note. Limetten sind das ganze Jahr über im Gemüseladen und im gut sortierten Lebensmittelgeschäft erhältlich.

Kumquats

Die Mini-Orangen werden hauptsächlich als Garnitur verwendet. Geviertelt oder in Scheibchen geschnitten, zieren sie herzhafte und süße Salate. Die Schale schmeckt süß und aromatisch, das Fruchtfleisch ausgeprägt säuerlich. Kumquats haben harte Innenhäute und relativ viele Kerne.

Orangenblütenwasser

Das Destillat aus den noch geschlossenen Knospen des Orangen- bzw. Pomeranzenbaums kommt bei Fruchtsalaten zum Einsatz. Orangenblütenwasser ist durchsichtig klar, duftet intensiv und wird in kleinen Mengen Saucen und Dressings für Fruchtsalate oder Fruchtcarpaccios beigegeben. Das Destillat bekommt man im griechischen Lebensmittelgeschäft und unter der Bezeichnung *Aqua Aurantii Flores* in der Apotheke.

Zitronen

Die gelben, ovalen Früchte sind sehr reich an Vitamin C, deshalb sind sie so erfrischend. Wichtig beim Kauf: Zitronen mit dünner, glatter Schale sind besonders saftig, die mit dicker, unregelmäßiger Schale dagegen geben deutlich weniger Saft. Weiche Früchte lassen sich leichter auspressen als harte. Mehr Saft geben Zitronen ab, wenn man sie mit dem Handballen auf der Arbeitsfläche hin und her rollt und dabei fest auf die Arbeitsplatte drückt. Damit sie sich lange halten, Zitronen dunkel und kühl aufbewahren.

Zitrusfrüchte sind aus der Sommerküche nicht wegzudenken. Egal, ob in herzhaften oder süßen Salaten, in Form von erfrischenden Säften oder als Bestandteil fruchtiger Marinaden und Salatsaucen. Oft kommt auch nur die aromatische Schale, in dünne Streifen geschnitten zum Einsatz. Dafür sollte man am besten garantiert unbehandelte Früchte aus dem Bioladen nehmen. Konventionelle Ware, auch wenn sie als unbehandelt deklariert ist, sollten Sie vorsichtshalber unter heißem Wasser – gegebenenfalls mit einem Spritzer Spülmittel – waschen, abbürsten und dann gründlich mit klarem Wasser abspülen.

Grapefruits

Die gelben Sorten schmecken herb-säuerlich und leicht bitter, die rosafarbenen eher süßlich und mild. Grapefruits sagt man eine appetitanregende und verdauungsfördernde Wirkung nach. Sie passen gut in Vorspeisensalate mit Geflügel oder Fisch. Die Früchte stets filetieren, da die Häute zwischen den Filets hart und bitter sind. Von Oktober bis April haben Grapefruits in Europa Hauptsaison. Aus den USA, Mittel- und Südamerika werden sie das ganze Jahr geliefert.

Klementinen

Die Kreuzung zwischen Mandarine und Pomeranze schmeckt süß und mehr oder weniger aromatisch. Klementinen werden von Oktober bis Februar angeboten. Die sehr saftigen Früchte haben wenig bis keine Kerne. Sie verleihen Geflügelsalaten Frische und schmecken köstlich im Obstsalat.

Olivenöl mit Zitrone oder Orange

Zusammen mit Oliven werden unbehandelte Zitronen oder Orangen gepresst. Heraus kommt ein sehr aromatisches, fruchtiges Öl, das sich besonders zum Verfeinern von Vinaigretten eignet. Das spezielle Olivenöl bekommt man im Feinkostladen oder im gut sortierten italienischen Lebensmittelgeschäft.

Mandarinen

Mandarinen haben eine dünne, leicht ablösbare Schale und relativ viele Kerne. Ihr Fruchtfleisch ist aromatisch, saftig und süß. Die Früchte wurden von den kernlosen Klementinen fast völlig vom Markt verdrängt. Mit etwas Glück findet man sie im Winter beim Gemüsehändler. Bei 6–8 °C kann man Mandarinen an einem dunklen Ort bis zu 6 Wochen lagern.

Zitrusfrüchte für Aroma und Frische

Orangen

Sie ist die beliebteste von allen Zitrusfrüchten: die Orange. Ihr Fruchtfleisch ist leicht verdaulich und liefert reichlich Vitamin C. Orangen mit dünner und feinporiger Schale eignen sich zum Entsaften; Früchte mit dicker, wattiger Schale zum Schälen und Essen. Die Frische von Orangen und anderen Zitrusfrüchten erkennt man daran, dass beim leichten Einritzen der Schale Saft herausspritzt. Sogenannte Blondorangen (wie Navel) und Blutorangen haben von November bis Juni Saison, werden aber in der Regel das ganze Jahr über aus Spanien, Sizilien, Marokko und der Türkei geliefert.

Obstsalat mit Minze in Melonenhälften

1 Die Kirschen waschen und abtropfen lassen, entstielen und entsteinen. Die Banane schälen, dann schräg in dünne Scheiben schneiden. Aprikosen und Zwetschgen oder Pflaumen waschen, halbieren und entsteinen, dann in Spalten schneiden. Das Obst in einer Schüssel vorsichtig vermengen.

2 Zitronensaft und Honig verrühren und über das Obst gießen. Die Minze waschen und trockenschütteln, die Blätter in feine Streifen schneiden. Über den Salat geben, alles vorsichtig unterheben.

3 Die Melonen halbieren und die Kerne mit einem Löffel herauslösen. Das Fruchtfleisch mit dem Löffel bis auf einen Rand von etwa 2 cm Dicke aus den Melonenhälften lösen. Melonenfruchtfleisch in Stücke schneiden, zum Obstsalat geben und unterheben.

4 Den Obstsalat in die ausgehöhlten Melonenhälften füllen. Mit Sahnerosetten und einigen Minzeblättern garnieren.

Der besondere Tipp:

Obstsalate sind eine exzellente Möglichkeit, sich mit wertvollen Nährstoffen zu versorgen: Je bunter gemischt die Obstsorten sind, desto vielfältiger ist auch die Mischung der Nährstoffe.

Für 4 Portionen

200 g Kirschen
1 Banane
4 Aprikosen
200 g Zwetschgen oder blaue Pflaumen
3 EL Zitronensaft
4 EL flüssiger Honig
3 Zweige Minze
2 kleine Galiamelonen
100 g geschlagene Sahne und Minzeblätter zum Garnieren

Pro Portion

290 kcal, 4 g Eiweiß, 8 g Fett, 48 g Kohlenhydrate

Zubereitungszeit: 30 Minuten

Salat aus dreierlei Melonen

Je 1/2 Galia- und Netzmelone sowie 1 kleine Wassermelone halbieren. Die Kerne herauslösen und die Melonen schälen. Mit dem Kugelformer aus dem Fruchtfleisch verschieden große Kugeln ausstechen. Die Kugeln auf Dessertteller geben. Mit einer Marinade aus 2 EL Orangenlikör, 3 EL Zitronensaft, 1 Messerspitze fein abgeriebener Zitronenschale und 1 EL Puderzucker beträufeln. 150 g Sahnequark mit dem ausgeschabten Mark von 1 Vanilleschote und 2 EL Zucker cremig rühren. Je einen großen Klecks auf den Rand jedes Desserttellers setzen.

Beerensalat mit Mascarponecreme

Für 4 Portionen
je 200 g Heidelbeeren, Brombeeren und Walderdbeeren
250 g Rote Johannisbeeren
2 EL Zitronensaft
4 EL Puderzucker
10 Löffelbiskuits
200 g Mascarpone
2 EL Milch
3 EL Orangenlikör oder Orangensaft
1 EL Zucker
Puderzucker zum Bestäuben
Zitronenmelisseblätter zum Garnieren

Pro Portion
450 kcal, 8 g Eiweiß,
21 g Fett, 50 g Kohlenhydrate
Zubereitungszeit: 20 Minuten

Walderdbeeren
Alle Erdbeeren stammen von der winzigen, hocharomatischen wilden Walderdbeere ab. Diese wird heute gezüchtet und in kleinen Schälchen hauptsächlich in Feinkostgeschäften oder sehr guten Gemüseläden angeboten. Außer den roten gibt es auch weiße und gelbe Sorten, die sich durch ein äußerst feines Vanillearoma auszeichnen. Interessant für alle, die die Früchte gerne ganz frisch zur Hand haben möchten: Walderdbeeren lassen sich sogar auf dem Balkon in einem großen Topf ganz leicht selber ziehen und tragen bis in den Herbst hinein Früchte.

1 Heidelbeeren, Brombeeren und Walderdbeeren verlesen. Die Früchte in ein Sieb geben und waschen, dann abtropfen lassen. Die Johannisbeeren ebenfalls waschen und mit einer Gabel von den Stielen streifen.

2 Alle Beeren in eine Schüssel geben. Den Zitronensaft in einer Tasse mit dem Puderzucker verrühren. Über die Beeren gießen und vorsichtig untermischen.

3 Die Löffelbiskuits in einen Gefrierbeutel geben. Den Beutel verschließen, flach auf eine Arbeitsfläche legen und mit einem Nudelholz darüberrollen und so die Biskuits grob zerbröseln. Die Brösel auf Desserttellern ausstreuen und die Beeren darauf verteilen.

4 Für die Creme den Mascarpone, die Milch, den Orangenlikör bzw. Orangensaft und den Zucker in eine Schüssel geben. Alles mit den Quirlen des Handrührgeräts kräftig aufschlagen.

5 Die Mascarponecreme in kleinen Klecksen auf den Beerenportionen anrichten. Dann jeweils mit etwas Puderzucker bestäuben und mit Zitronenmelisseblättern garnieren. Sofort servieren.

Der praktische Tipp:
Außerhalb der Beerensaison kann man diesen Salat mit möglichst schwach gesüßten Sauerkirschen aus dem Glas oder mit klein gewürfelten aromatischen Honig- oder Netzmelonen und gehäuteten Orangenfilets zubereiten. Dann jedoch am besten den Orangenlikör durch Cassis- oder Kirschlikör ersetzen.

Beerensalat mit grüner Sahne

Je 200 g Heidelbeeren und Himbeeren sowie 250 g Rote Johannisbeeren und 300 g Erdbeeren waschen und abtropfen lassen. Johannisbeeren und Erdbeeren putzen, Erdbeeren in Stücke schneiden. 4 EL Cassislikör, 1 EL Zitronensaft und 3 EL Puderzucker verrühren und mit den Beeren mischen. Alles in Dessertschalen füllen. Für die grüne Sahne 150 g Schlagsahne mit 1 Päckchen Vanillezucker steif schlagen. 3 EL gehackte Pistazien im Blitzhacker staubfein zerkleinern. Pistazien unter die Sahne ziehen. Die Sahne als Rosetten auf die Mitte jeder Beerenportion spritzen.

Johannisbeer-Joghurt-Granité mit Minzepesto

1 Die Johannisbeeren abbrausen. Von den Roten Johannisbeeren 6 Rispen für die Garnitur beiseitelegen. Die restlichen Beeren nach Farben getrennt von den Rispen streifen und – ebenfalls farblich getrennt – mit dem Stabmixer pürieren. Anschließend jedes Püree durch ein feines Sieb streichen.

2 Den Joghurt mit dem Puderzucker glatt rühren. Die beiden Johannisbeermarks nacheinander nur so weit unter den Joghurt rühren, dass die verschiedenen Farben noch sichtbar sind.

3 Die Joghurtmasse in eine Metallschüssel füllen und im Gefrierfach 3–4 Stunden gefrieren lassen. Zwischendurch ab und zu vorsichtig mit einer Gabel umrühren.

4 Für das Minzepesto die Schokolade fein hacken. Gehackte Minze und Schokolade mit dem Ahornsirup verrühren.

5 Das Granité in Dessertschalen anrichten. Mit Johannisbeerrispen und Minzepesto garnieren; sofort servieren.

Für 6 Portionen

300 g Rote Johannisbeeren
250 g Schwarze Johannisbeeren
400 g griechischer Joghurt (10 % Fett)
100 g Puderzucker
30 g Zartbitterschokolade
3 Zweige Minze, fein gehackt
2 EL Ahornsirup

Pro Portion

225 kcal, 3,5 g Eiweiß, 8,5 g Fett, 31 g Kohlenhydrate

Zubereitungszeit: 20 Minuten plus Gefrierzeit: 3–4 Stunden

Joghurt-Eis mit Erdbeeren

Dafür 500 g Erdbeeren mit 4 EL flüsigem Honig, 1 TL Zitronensaft und 1 Messerspitze gemahlener Vanille mit dem Stabmixer oder in der Küchenmaschine pürieren. Anschließend 500 g Joghurt untermischen. Die Erdbeer-Joghurt-Masse in eine flache gefriergeeignete Schale füllen. Mit Folie oder passendem Deckel schließen; 4–6 Stunden ins Gefrierfach stellen. Nach 2 Stunden Gefrierzeit das Eis mit einem Schneebesen kräftig durchschlagen. Diesen Vorgang dann jede Stunde wiederholen. Wenn Sie eine Eismaschine besitzen, können Sie die Joghurtmasse darin nach Herstelleranweisung gefrieren; dann entfällt das Durchrühren während des Gefrierens.

Sprudel-Drink mit Mango, Pfirsich und Aprikosen

Für 4 Portionen
1 vollreife Mango
1 vollreifer Pfirsich
2 große vollreife Aprikosen
500 ml Gingerale
zerstoßene Eiswürfel (nach Belieben)

Garnitur
Minze- oder Zitronenmelisseblätter (nach Belieben)

Pro Portion
55 kcal, 1 g Eiweiß, 0 g Fett, 14 g Kohlenhydrate
Zubereitungszeit: 5–10 Minuten

1 Die Mango schälen. Das Fruchtfleisch vom Stein schneiden und grob hacken. In den Mixer oder die Küchenmaschine – oder, falls ein Stabmixer verwendet wird, in ein hohes Gefäß – geben.

2 Den Pfirsich und die Aprikosen für 30 Sekunden in einen Topf mit kochend heißem Wasser geben. Abgießen und sofort mit kaltem Wasser abschrecken. Die Früchte mit einem spitzen Messer häuten, dann das Fruchtfleisch grob hacken und zum gehackten Mangofruchtfleisch geben (Steine wegwerfen).

3 So viel Gingerale zugießen, dass das Obst knapp bedeckt ist. Das Obst glatt pürieren. Das restliche Gingerale zufügen und das Gerät noch einmal laufen lassen.

4 Den Drink zügig (falls gewünscht, auf zerstoßene Eiswürfel) in hohe Gläser gießen und nach Belieben mit den Kräuterblättern garnieren. Sofort mit dicken Strohhalmen oder Cocktailsticks servieren.

Der praktische Tipp:

Ein Püree aus frischer Mango, frischen Pfirsichen und Aprikosen ist eine fruchtig-aromatische Basis für einen Aperitif: Geben Sie 1 EL Fruchtpüree in ein Sektglas, und gießen Sie das Ganze mit gut gekühltem Sekt auf.

Sommerdrink mit Ananas und Beeren

1 Die Eiswürfel in der Küchenmaschine oder einem leistungsstarken Mixer fein zerkleinern. Oder die Eiswürfel in einen Gefrierbeutel geben, mit der Teigrolle zerschlagen und die Stückchen in Maschine oder Mixer füllen.

2 Die gefrorenen Erdbeeren, die Ananasstücke, den Ananassaft und das Milchpulver zu den zerstoßenen Eiswürfeln geben. Alles zerkleinern, bis die Mischung fast glatt ist, aber noch Obst- und Eisstückchen erkennbar sind.

3 Nach Belieben mit Zucker süßen – wie viel gebraucht wird, hängt davon ab, wie süß das Obst ist. Das Ganze noch einmal in Intervallen aufmixen.

4 Den Drink mit einem Löffel in hohe Gläser füllen, nach Belieben mit Ananasminze garnieren und mit langstieligen Löffeln servieren.

Für 4 Portionen

8 Eiswürfel
250 g TK-Erdbeeren
250 g frische Ananaswürfel, gefroren
120 ml Ananassaft
2 EL Magermilchpulver
1 EL Vanillezucker oder Zucker (nach Geschmack)

Garnitur

Ananasminze (nach Belieben)

Pro Portion

95 kcal,3 g Eiweiß, 0,3 g Fett, 22 g Kohlenhydrate

Zubereitungszeit: 5–15 Minuten

Fruchtsaft mit Papaya

Von 4 Papayas das Fruchtfleisch in Stücke schneiden. 4 Blutorangen auspressen. 2 Limetten auspressen. Papayastücke mit Orangen- und Limettensaft im Mixer pürieren. Nach Belieben dabei 2 EL geschälte Mandeln zugeben und mitpürieren. Den Drink mit Honig und einer Prise Kardamom abschmecken. Auf Eiswürfeln in hohen Gläser servieren.

Gut kombiniert

Suppe plus Salat

Genau das Richtige für warme Tage, und praktisch dazu. Salate und Suppen lassen sich gut vorbereiten und nach Bedarf auch zum Picknick und ins Büro mitnehmen. Übrigens: Kalte Suppen bleiben in einer Thermoskanne kalt und warme warm.

Für Figurbewusste: Spinat-Joghurt-Suppe **(S. 26)** plus Kabeljausalat mit Oliven-Vinaigrette **(S. 170)**

Für Asienfans: Asiatische Sommersuppe **(S. 28)** plus Asiatischer Kalbfleischsalat mit Sambal-Creme **(S. 120)**

Für Büromenschen: Kalte Gemüsesuppe **(S. 24)** plus Würstchensalat mit Schnittlauch-Vinaigrette **(S. 124)**

Tofu-Mango-Spießchen mit fruchtiger Salsa S. 56

Kartoffelsalat mit Rucola und Kapernbeeren S. 74

Asiatische Sommersuppe S. 28

Kabeljausalat mit Oliven-Vinaigrette S. 170

Grillgericht plus Salat

Es muss ja nicht gleich ein großes organisiertes Grillfest sein. Grillen ist auch zu zweit, dritt oder viert ein Vergnügen. Gegrilltes mit einem Salat ergibt eine komplette Mahlzeit.

Klassisch: Lamm-Gemüse-Frikadellen mit Rosmarin **(S. 98)** plus Kartoffelsalat mit Rucola und Kapernbeeren **(S. 74)**

Vegetarisch: Tofu-Mango-Spießchen mit fruchtiger Salsa **(S. 56)** plus Asiatischer Pak-choi-Salat **(S. 42)**

Edel: Seeteufel-Garnelen-Spieße **(S. 158)** plus Eisbergsalat mit Melone und Sprossen **(S. 32)**

Sommerliches Salatbuffet

Bei dieser Auswahl an erfrischenden Salaten ist für jeden Geschmack etwas dabei. Stellen Sie verschiedene Brotsorten und Brötchen dazu bereit.

Blattsalate mit frischen Feigen **(S. 36)**

Hähnchenbrustspieße auf Asia-Salat mit Erdnusssauce **(S. 108)**

Italienischer Meeresfrüchtesalat alla Nonna **(S. 176)**

Mexikanischer Rindfleischsalat mit Chilis **(S. 118)**

Bauernsalat aus Griechenland **(S. 72)**

Tabouleh mit Petersilie und Minze **(S. 138)**

Obstsalat mit Minze in Melonenhälften **(S. 194)**

Blattsalate mit frischen Feigen S. 36

Mexikanischer Rindfleischsalat mit Chilis S. 118

Hähnchenbrust auf indische Art S. 104

Ananas-Erdbeer-Spieße vom Grill S. 184

Grillfest

Wenigstens einmal im Sommer sollte ein großes Grillfest stattfinden. Hier sind ein paar kulinarische Vorschläge. Das meiste davon lässt sich sehr gut vorbereiten, so dass nur der Grillmeister während des Festes beschäftigt ist.

Aperitif: Sommerdrink mit Ananas und Beeren **(S. 202)**

Vorspeisen: Bruschetta mit Tomaten und Sardellen **(S. 52)**, Auberginen mit Tomaten-Joghurt-Sauce **(S. 82)**

Nudeln als Beilage: Grüner Nudelsalat italienische Art **(S. 136)**

Fleisch: Glasierte Spareribs **(S. 96)**, Hüftsteak mit Schalotten und Knoblauch **(S. 100)**

Geflügel: Hähnchenbrust auf indische Art **(S. 104)**

Fisch: Gegrillter Lachs mit Mais-Gemüse **(S. 154)**

Desserts: Johannisbeer-Joghurt-Granité **(S. 198)**, Ananas-Erdbeer-Spieße vom Grill **(S. 184)**

Register

Bei Rezeptvarianten ohne Bild sind die Seitenzahlen *kursiv,* bei warenkundlichen und kochtechnischen Informationen **fett** gedruckt.

A

B

C–D

E–F

G

H–J

Bildnachweis

Reader's Digest, außer
iStock: Umschlag (luchezar).
Jahreszeiten Verlag Syndication: 15 M.r. (Götz Wrage).
Stockfood: 6 (Buntrock, Gerrit Ltd.); 14 u.l. (Maximilian Stock Ltd); 21 o.r. (labert Sandmann Verlag).
Weber: 10, 14 o.r., 14 u.r., 15 o.l., 15 u.l., 15 u.r.

Impressum

Redaktion: Redaktionsbüro Cornelia Kläger, München

Reader's Digest
Redaktion: Anne Diener-Steinherr
Grafik und Prepress: Peter Waitschies
Bildredaktion: Sabine Schlumberger

Redaktionsdirektor: Michael Kallinger
Redaktionsleiterin Buch: Almuth Stiefvater
Art Director: Susanne Hauser

Produktion
arvato distribution: Thomas Kurz

Druck und Binden
Neografia, Martin

Printed in Slovakia
ISBN 978-3-95619-469-6

Besuchen Sie uns im Internet:
readersdigest-verlag.de
readersdigest-verlag.ch
readersdigest-verlag.at